纪念中国第一历史档案馆成立九十五周年

庆祝中国第一历史档案馆新馆落成

守护国家记忆　传承民族文脉

# 石室记忆　兰台映像

## 明清档案事业发展历程图录

中国第一历史档案馆　编

九州出版社 JIUZHOUPRESS | 全国百佳图书出版单位

# 《石室记忆 兰台映像》

## 编委会

# 前　言

2021 年 7 月 6 日，习近平总书记做出重要批示，对中国第一历史档案馆开馆表示热烈的祝贺。他指出，档案工作存史资政育人，是一项利国利民、惠及千秋万代的崇高事业。这是对全国档案工作者的莫大鼓励和鞭策。

作为我国历史上第一个具有现代意义的专业档案机构，中国第一历史档案馆及其前身自 1925 年成立以来，走过了近百年的奋斗历程：从初创时的筚路蓝缕、披荆斩棘，到新中国成立后的统一管理、步入正轨；从改革开放后的开拓创新、逐渐繁荣，到党的十八大以来取得历史性成就、实现跨越式发展。在明清档案事业砥砺前行的路上，一代代明清档案人风雨兼程、攻坚克难、默默无闻、无私奉献，忠实履行党和国家赋予的职责使命。

在以习近平同志为核心的党中央的亲切关怀下，中国第一历史档案馆新馆已经正式落成并投入使用，这是明清档案事业高质量发展的新起点。欲知大道，必先为史。在新馆开馆之际，我们精心策划举办《守护国家记忆，传承民族文脉—明清档案事业发展历程》专题展览，追溯近百年来的奋斗足迹，并从中撷取精华编为图册，以供鉴赏。

中国第一历史档案馆馆长　孙森林

二〇二一年十月

第一单元 典册流传：明清国家档案的流转典藏 ........ 1

一 明清皇家档案库 ........ 2

1. 皇史宬 / 2. 内阁大库

二 清宫珍档多舛厄 ........ 12

1. 劫掠与损毁 / 2. 八千麻袋事件

三 文化名人论档案 ........ 20

第二单元 筚路蓝缕（1925—1949）：明清档案事业的艰辛起步 ........ 23

一 艰辛起步文献馆 ........ 24

1. 从文献部到文献馆 / 2. 明清档案的初步整理

3. 明清档案的早期刊布

二 南迁西运护瑰宝 ........ 50

第三单元 基业初奠（1949—1980）：明清档案事业的奋力推进 ........ 61

一、机构沿革屡更名 ........ 62

二、扩藏立规建全宗 ........ 70

1. 汇集明清档案 / 2. 建立全宗体系

三、开拓编纂与利用 ........ 80

1. 编纂档案史料 / 2. 开展社会利用

四、满文人才重传承 ........ 86

第四单元 时代辉煌（1980—2020）：明清档案事业的全面发展 ........ 91

一、正式冠名开新篇 ........ 92

二、固本强基明家底 ........ 94

1. 强化档案保管能力 / 2. 完成档案秩序整理

3. 编制档案著录标准 / 4. 提升档案修复水平

5. 推进档案缩微复制 / 6. 开展档案征集捐赠

三、守档存史馈社会 ......112

1. 拓展社会利用 / 2. 打造核心期刊

3. 服务清史工程 / 4. 推进编研出版

四、信息技术勇创新 ......132

1. 搭建档案信息化管理平台

2. 研发满文档案图像识别软件

五、走向世界传文脉 ......138

1. 积极开展对外合作 / 2. 来访外国政要及专家学者

3. 部分档案入选世界记忆名录

**第五单元 面向未来：明清档案事业的世纪新梦** ......149

一、新馆筹建 ......150

二、新馆新貌 ......152

三、馆庆合影 ......160

**附 录**

1. 中国第一历史档案馆历史沿革表 ......176

2. 中国第一历史档案馆历任负责人名录 ......176

3. 中国第一历史档案馆劳模名录 ......177

4. 中国第一历史档案馆专家名录 ......178

5. 中国第一历史档案馆档案全宗目录 ......179

6. 中国第一历史档案馆档案出版物目录 ......186

7. 中国第一历史档案馆专题展览目录 ......199

8. 中国第一历史档案馆专业人员著作目录 ......205

皇史宬

# 典册流传：明清国家档案的流转典藏

第一单元

档案，记录着人类历史的发展，也承载着人类文明的进步。由于自然和政治等多种因素，元代以前的国家历史档案极少传世。明清两朝集封建专制之大成，档案贮藏与管理制度日臻完善，大量档案得以保存。清末民初，明清档案历经劫难，惨遭损毁与流散，学界人士的奔走呼吁，引发社会各界的关注。

# 一、明清皇家档案库

皇史宬内景

明清两朝为强化皇权、巩固统治，建立了与中央集权体制相匹配的文书档案系统。为贮存、管理皇家和国家中枢机关的档案，设有专门的档案管理机构，以及皇史宬、内阁大库等档案库房。

## 1. 皇史宬

皇史宬，是保存完整的明清皇家档案库，循照中国古代“石室金匮”之制建造。位于北京南池子大街南口，始建于明嘉靖十三年（1534），清嘉庆十二年（1807）重修。皇史宬正殿为大型无梁殿建筑，通体砖石砌成，无一钉一木，既能防火防水，又能防虫防霉。殿内冬暖夏凉，温湿度相对稳定。整个院落围以高墙，占地面积达8463平方米，建筑面积3400平方米。

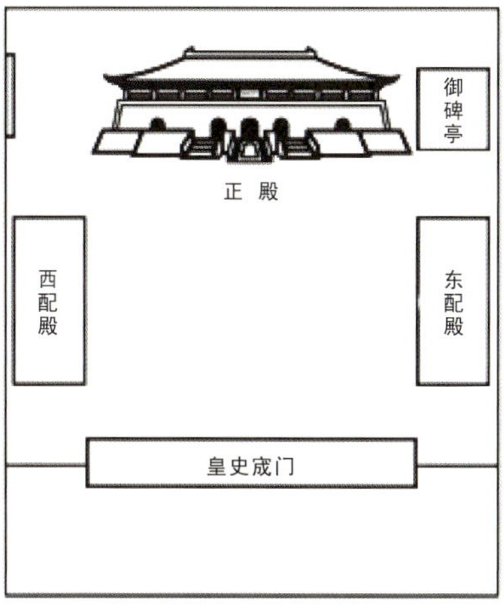

皇史宬格局示意图

皇史宬门

皇史宬正殿

## ◎ 皇史宬保管的重要档案

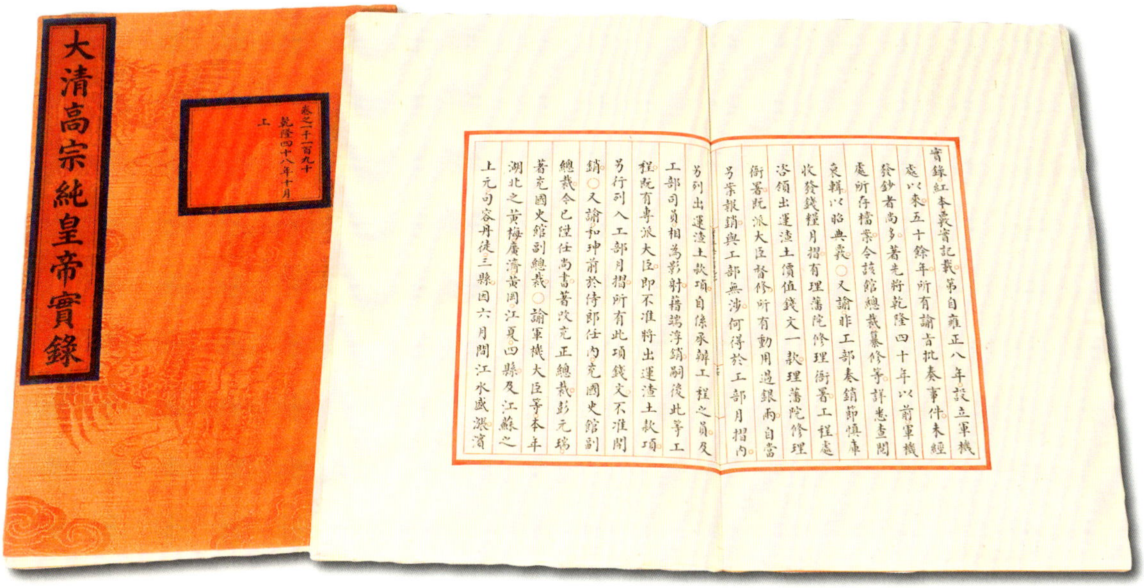


大清高宗纯皇帝实录

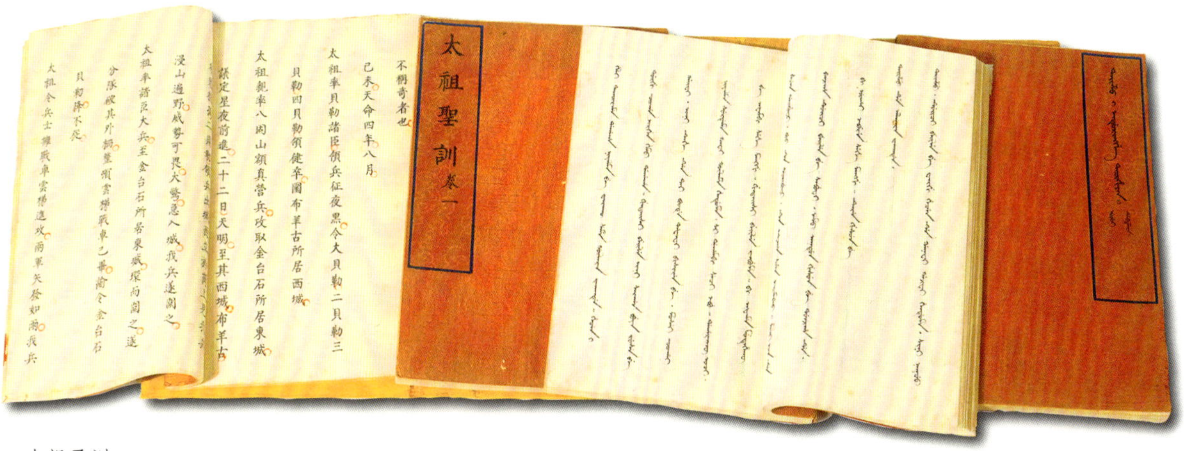


太祖圣训

宗室玉牒

## 2. 内阁大库

内阁大库旧影

内阁大库，位于紫禁城东南隅，是清代中央最重要的档案库，保存着清代内阁和宫廷的重要档案文献，如题本、实录、圣训、起居注以及满文老档、满文木牌等入关前的珍贵旧档。内阁大库总建筑面积为 1295 平方米，由东西两座库房构成：西侧库房贮存红本，称红本库；东侧库房收藏实录表章，称实录库。

实录库的档案柜

实录库外景

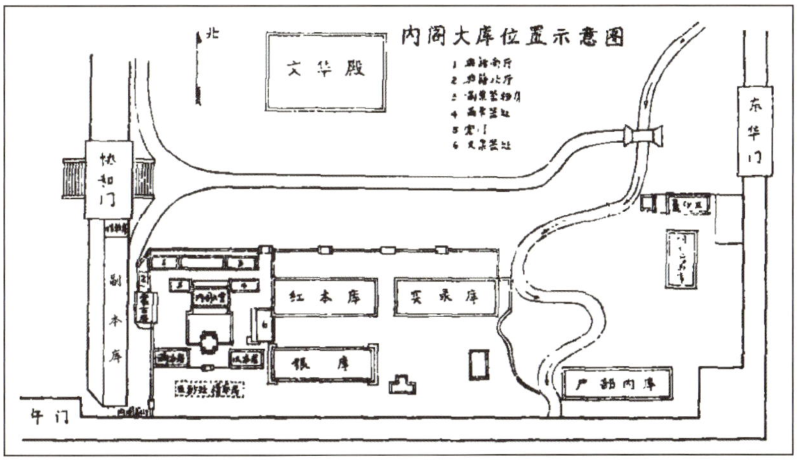


内阁大库位置示意图

## ◎ 内阁大库保管的重要档案

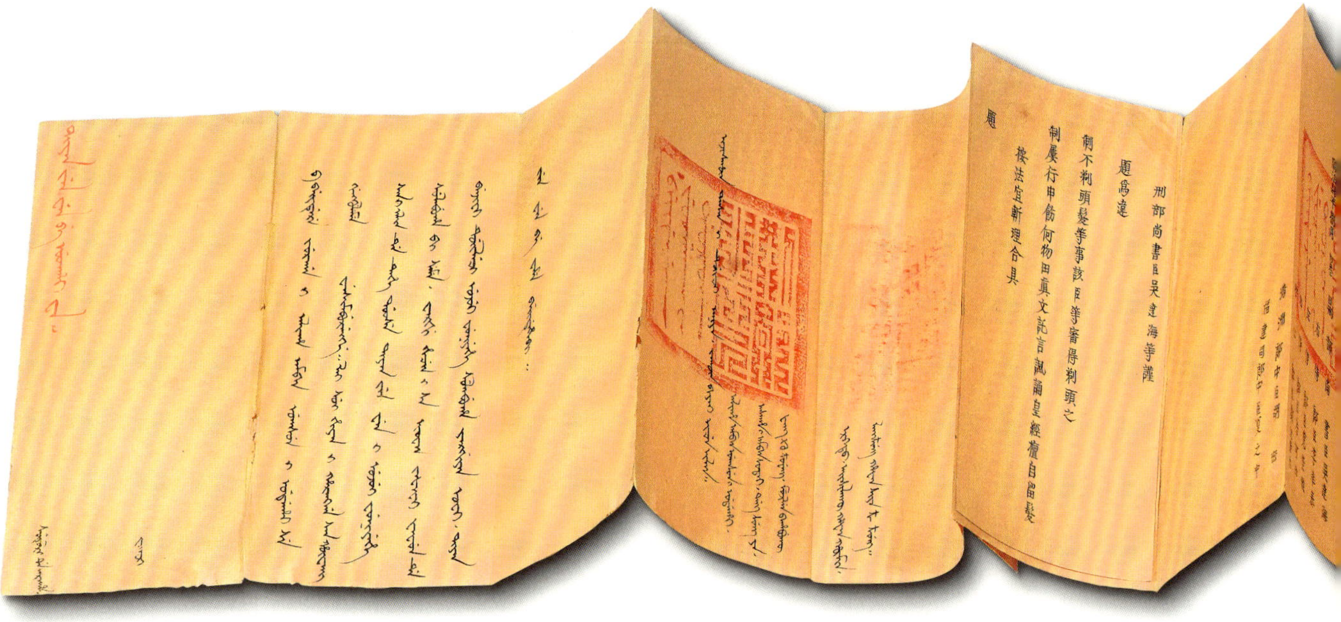


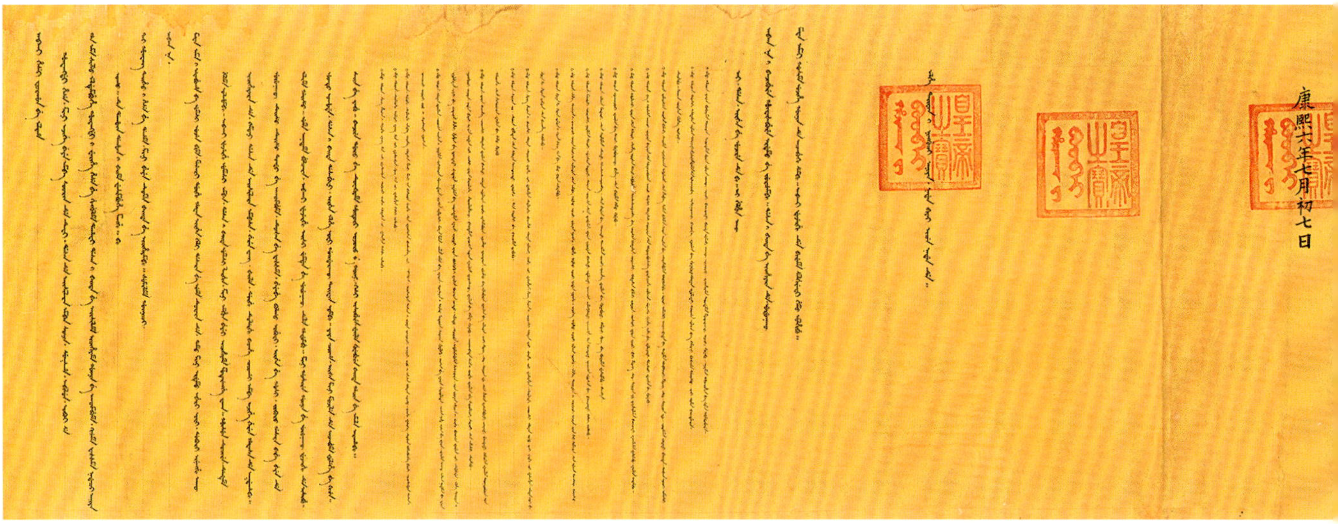

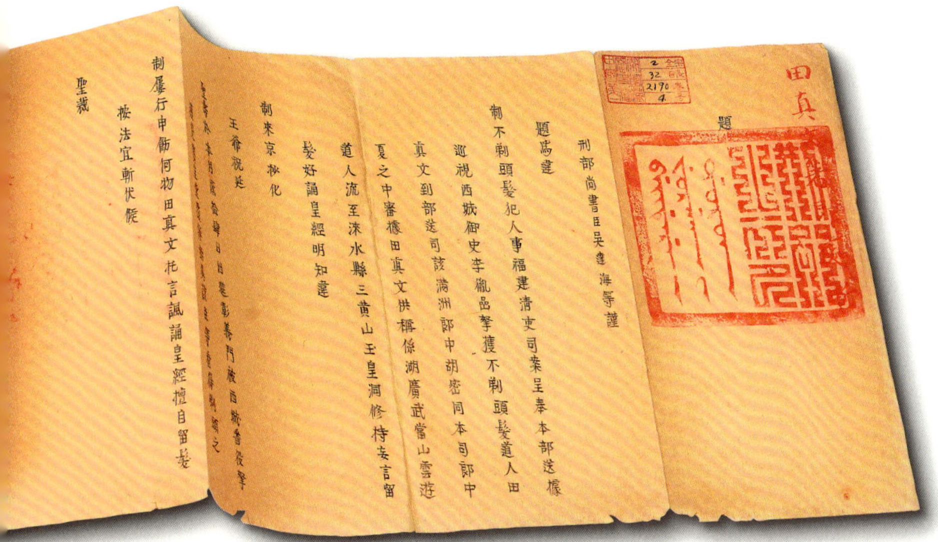

刑部尚书吴达海等题本：
为拿获不剃头犯人处罪事（顺治四年）

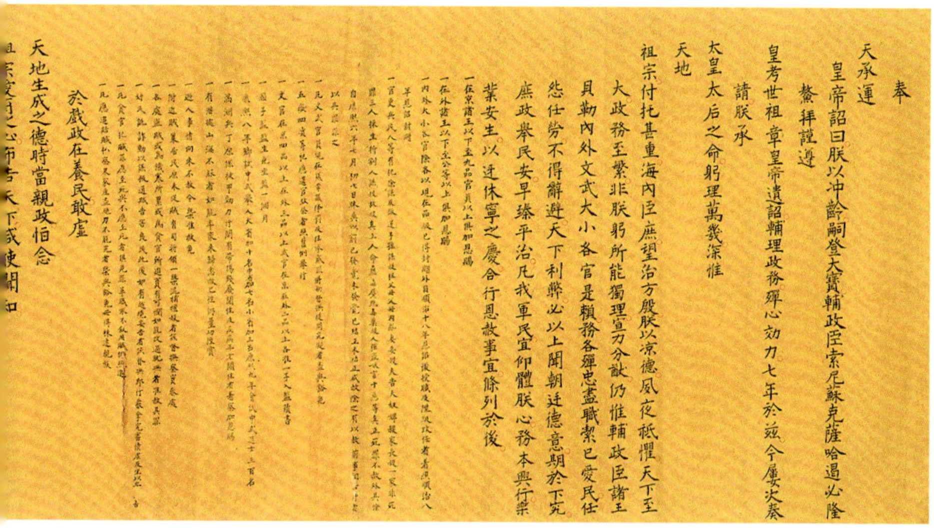

康熙帝亲政诏书（康熙六年）

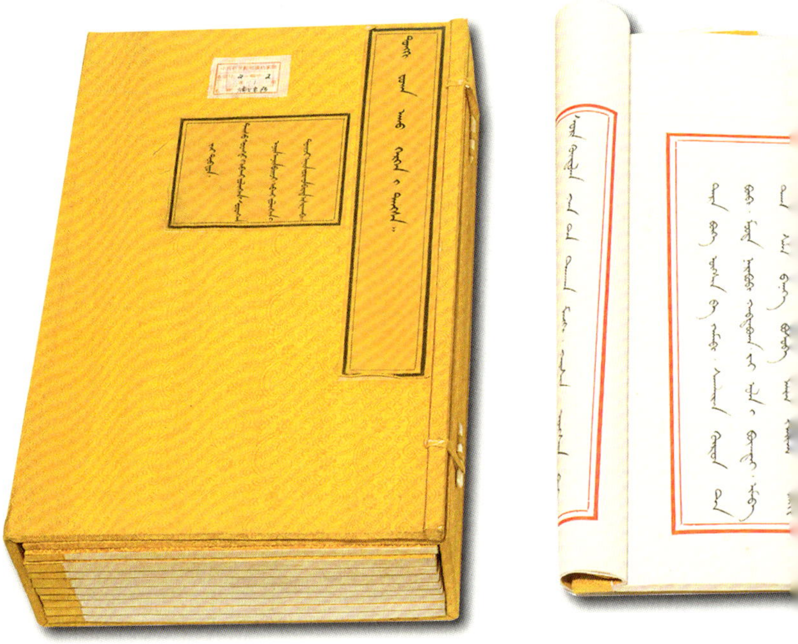

起居注册 康熙贰拾壹年壬戌 十二月分
起居注册 康熙贰拾壹年壬戌 十一月分
起居注册 康熙贰拾壹年壬戌 十月分
起居注册 康熙贰拾壹年壬戌 九月分
起居注册 康熙贰拾壹年壬戌 八月分
起居注册 康熙贰拾壹年壬戌 七月分
起居注册 康熙贰拾壹年壬戌 六月分
起居注册 康熙贰拾壹年壬戌 五月分
起居注册 康熙贰拾壹年壬戌 四月分

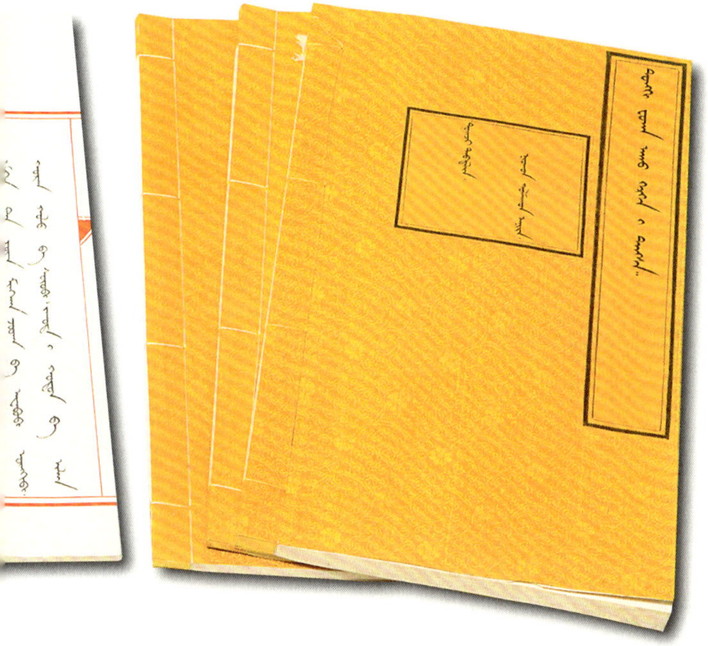

《满文老档》抄本（乾隆四十四年）

《起居注册》（康熙二十一年）

## 二、清宫珍档多舛厄

清朝后期，内忧外患，统治者无暇顾及文书档案的保存与管理，明清档案损毁流失严重。

Peking.
Die Kaiserstadt in den Händen der Verbündeten.

八国联军在午门外

## 1. 劫掠与损毁

咸丰十年（1860），英法联军侵入北京，对圆明园进行大肆劫掠焚毁，存于圆明园的档案在大火中损失惨重。

圆明园远瀛观大水法残迹

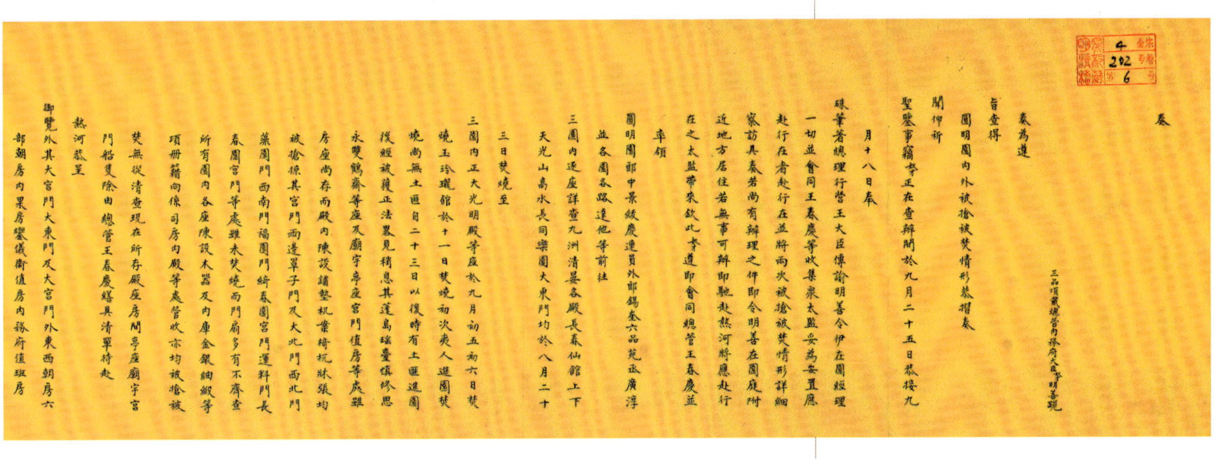

奏
三品頂戴總管內務府大臣奴才明善跪
奏為遵
旨查得
圓明園內外被搶被焚情形恭摺奏
聞仰祈
聖鑒事竊奴才正在查辦間於九月二十五日恭接九
月十八日奉
硃筆著總理行營王大臣傳諭明善令伊在園經理
一切並會同王春慶等收集眾太監妥為安置應
赴行在者赴行在並將兩次被搶被焚情形詳細
察訪具奏若尚有辦理之件即令明善在園庭附
近地方居住若無事可辦即馳赴熱河將應赴行
在之太監帶來欽此奴才遵即會同總管王春慶並
率領
圓明園郎中景綋慶連員外郎錫奎六品苑丞廣淳
並各園各路達他等前往
三園內逐座詳查九洲清晏各殿長春仙館上下
天光山高水長同樂園大東門均於八月二十
三日焚燒至
三園內正大光明殿等座於九月初五初六日焚
燒玉玲瓏館於十一日焚燒初次夷人進園焚
燒尚無土匪自二十三日以後時有土匪進園
後經被獲正法纍見稍息其蓬島瑤臺慎修思
永雙鶴齋等座及廟宇亭座宮門值房等處雖
房座尚存而殿內陳設鋪墊杌櫈椅杌床張均
被搶掠其宮門兩邊罩子門及大北門西北門
藻園門西南門福園門綺春園宮門運料門長
春園宮門等處雖未焚燒而門扇多有不齊查
所有園內各座陳設木器及內庫金銀紬緞等
項冊籍向係司房內殿等處管收亦均被搶被
焚無從清查現在所存殿座房間亭座廟宇宮
門船隻除由總管王春慶繕具清單特赴
熱河恭呈
御覽外其大宮門大東門及大宮門外東西朝房六
部朝房內果房鑾儀衛值房內務府值班房

总管内务府大臣明善为圆明园遭劫事奏折（咸丰十年十月初四日）

光绪二十六年（1900），八国联军侵占北京，清政府多个衙署档案惨遭劫掠。

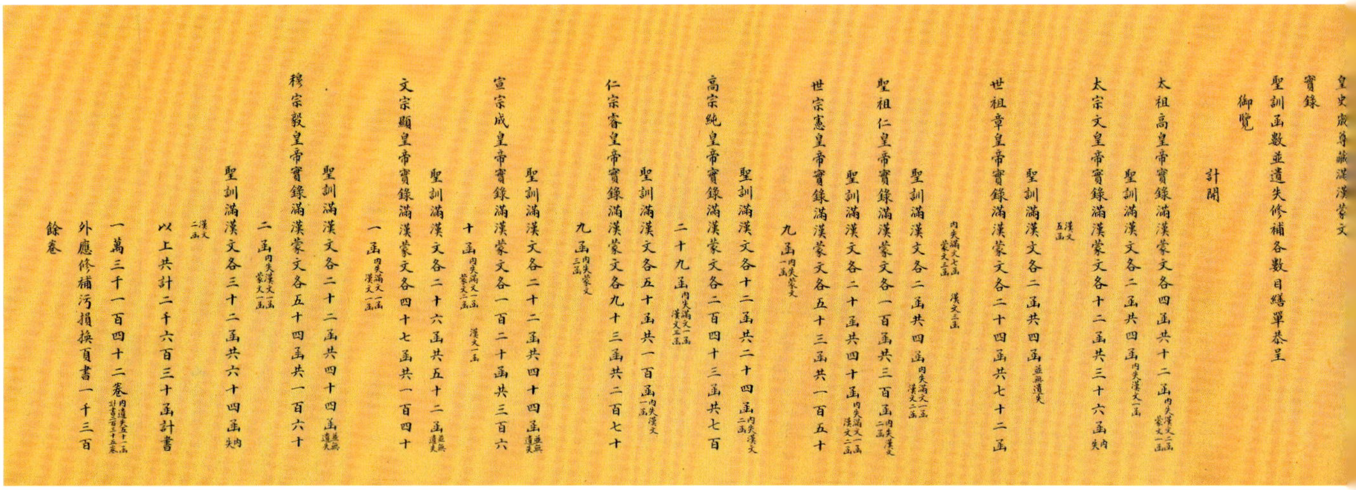
皇史宬尊藏滿漢蒙文
實錄
聖訓函數並遺失修補各數目繕單恭呈
御覽
計開
太祖高皇帝實錄滿漢蒙文各四函共十二函（內失漢文二函 蒙文一函）
聖訓滿漢文各二函共四函（內失漢文一函）
太宗文皇帝實錄滿漢蒙文各十二函共三十六函（內失漢文五函）
聖訓滿漢文各二函共四函（並無遺失）
世祖章皇帝實錄滿漢蒙文各二十四函共七十二函（內失滿文七函 蒙文三函 漢文三函）
聖訓滿漢文各二函共四函（內失滿文一函 漢文二函）
聖祖仁皇帝實錄滿漢蒙文各一百函共三百函（內失漢文二函）
聖訓滿漢文各二十函共四十函（內失滿文一函 漢文二函）
世宗憲皇帝實錄滿漢蒙文各五十三函共一百五十九函（內失蒙文一函）
聖訓滿漢文各十二函共二十四函（內失漢文二函）
高宗純皇帝實錄滿漢蒙文各二百四十三函共七百二十九函（內失滿文一函 漢文五函）
聖訓滿漢文各五十函共一百函（內失漢文一函）
仁宗睿皇帝實錄滿漢蒙文各九十三函共二百七十九函（內失蒙文三函）
聖訓滿漢文各二十二函共四十四函（並無遺失）
宣宗成皇帝實錄滿漢蒙文各一百二十函共三百六十函（內失滿文一函 蒙文二函 漢文一函）
聖訓滿漢文各二十六函共五十二函（並無遺失）
文宗顯皇帝實錄滿漢蒙文各四十七函共一百四十一函（內失滿文一函 漢文一函）
聖訓滿漢文各二十二函共四十四函（並無遺失）
穆宗毅皇帝實錄滿漢蒙文各五十四函共一百六十二函（內失漢文一函 蒙文一函）
聖訓滿漢文各三十二函共六十四函（內失漢文二函）
以上共計二千六百三十函計書一萬三千一百四十二卷（內遺失五十一函 計書二百三十五卷）
外應修補污損換頁書一千三百餘卷

皇史宬内档案丢失情况的清单（光绪二十七年十月初二日）

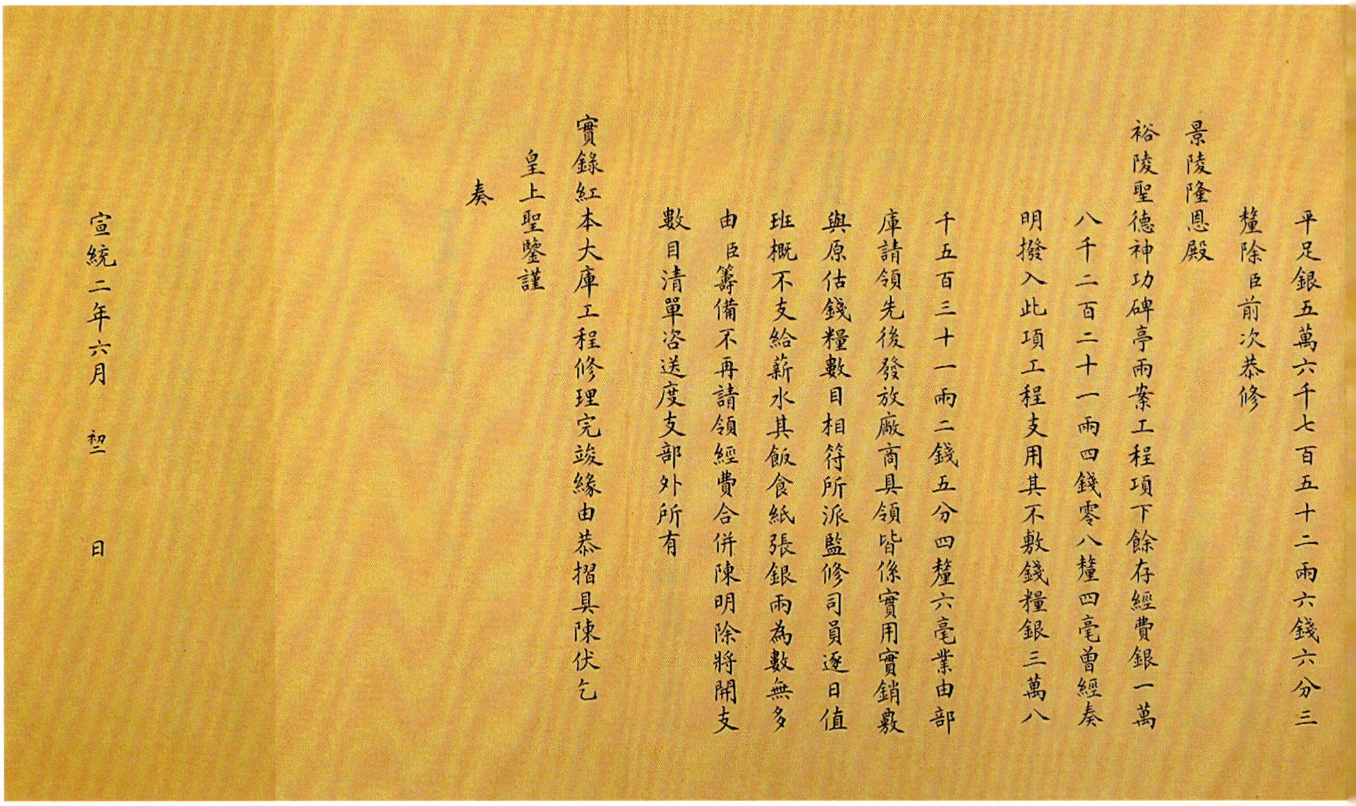
平足銀五萬六千七百五十二兩六錢六分三
釐除臣前次恭修
景陵隆恩殿
裕陵聖德神功碑亭兩案工程項下餘存經費銀一萬
八千二百二十一兩四錢零八釐四毫曾經奏
明撥入此項工程支用其不敷錢糧銀三萬八
千五百三十一兩二錢五分四釐六毫業由部
庫請領先後發放廠商具領皆係實用實銷數
與原估錢糧數目相符所派監修司員逐日值
班概不支給薪水其飯食紙張銀兩為數無多
由臣籌備不再請領經費合併陳明除將開支
數目清單咨送度支部外所有
實錄紅本大庫工程修理完竣緣由恭摺具陳伏乞
皇上聖鑒謹
奏
宣統二年六月　廿二　日

清末内阁大库内杂乱堆放的档案

晚清政府档案库房管理废弛，档案遭受雨淋水淹、虫咬鼠噬、人为损毁。光绪二十五年（1899），内阁大库年久失修，几近坍塌。为维修大库，清理库存，竟然烧毁朱批红本4500捆，约30万件。

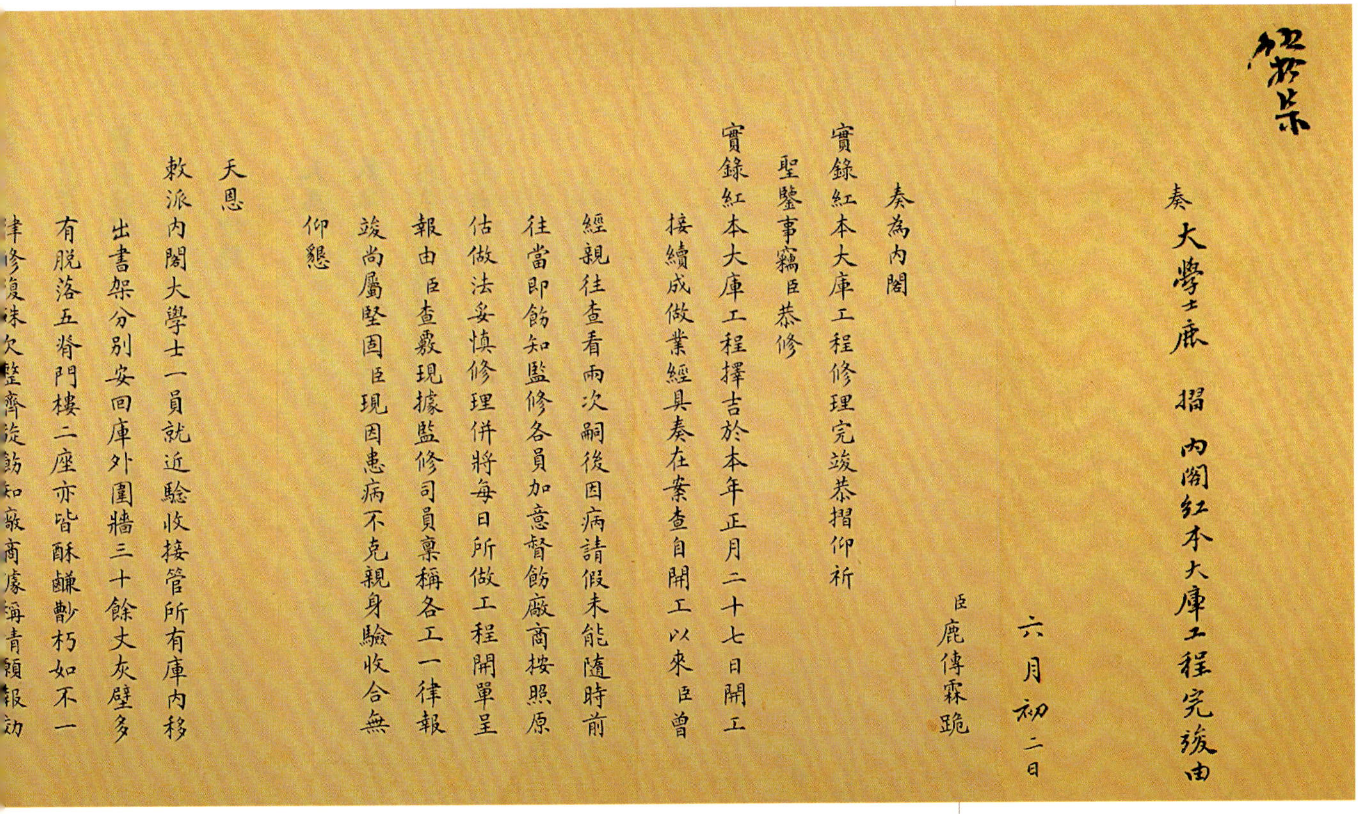

奏
大學士鹿　摺　內閣紅本大庫工程完竣由
六月初二日
臣鹿傳霖跪
奏為內閣
實錄紅本大庫工程修理完竣恭摺仰祈
聖鑒事竊臣恭修
實錄紅本大庫工程擇吉於本年正月二十七日開工
接續成做業經具奏在案查自開工以來臣曾
經親往查看兩次嗣後因病請假未能隨時前
往當即飭知監修各員加意督飭廠商按照原
估做法妥慎修理併將每日所做工程開單呈
報由臣查覈現據監修司員稟稱各工一律報
竣尚屬堅固臣現因患病不克親身驗收合無
仰懇
天恩
敕派內閣大學士一員就近驗收接管所有庫內移
出書架分別安回庫外圍牆三十餘丈灰壁多
有脫落五脊門樓二座亦皆酥鹻彰朽如不一
律修復殊欠整齊旋飭知廠商據稱情願報効

大学士鹿传霖为内阁实录红本大库工程修缮完竣事奏折（宣统二年六月初二日）

## 2. 八千麻袋事件

北洋时期，军阀混战致使社会动荡不安。1921年北洋政府因财政紧张，将内阁大库档案约8000麻袋，以4000元卖给北京同懋增纸行，拟化浆造纸，史称“八千麻袋事件”。

北京西单牌楼大街上的同懋增纸行旧影

盛装档案的麻袋

盛装档案的箩筐

罗振玉

《史料丛刊初编》

罗振玉（1866—1940），浙江上虞人。1922年他以12000元向同懋增纸行高价购回“八千麻袋事件”中的档案，并整理编印《史料丛刊初编》10册。

# 三、文化名人论档案

“八千麻袋事件”引起了社会各界对内阁大库档案的关注，多位学术名家不遗余力地对明清档案史料进行抢救。他们的呼吁和奔走，开启了 20 世纪 20 年代整理明清档案的先声，也推动了明清档案专门管理机构的产生。

鲁 迅

王国维

蔡元培

傅斯年

“大内档案”也者，据深通“国朝”掌故的罗遗老说，是他的“国朝”时堆在内阁里的乱纸……中国公共的东西，实在不容易保存。如果当局者是外行，他便将东西糟完；倘是内行，他便将东西偷完。

——1928 年鲁迅《谈所谓“大内档案”》

鲁迅（1881—1936），原名周树人，浙江绍兴人。现代著名文学家、思想家、教育家、革命家。1912 年 5 月，曾在北洋政府主管社会文化事业的社会教育司任职，接触到“大内档案”。

自汉以来，中国学问上之最大发现有三：一为孔子壁中书；二为汲冢书；三则今之殷墟甲骨文字，敦煌塞上及西域各处之汉晋木简，敦煌千佛洞之六朝及唐人写本书卷，内阁大库之元明以来书籍档册，此四者之一，已足当孔壁、汲冢所出。

——1925 年王国维《最近二三十年中中国新发见之学问》

王国维（1877—1927），字伯隅、静安，号观堂、永观，浙江海宁人。古文字、古器物、古史地学家，诗人，文艺理论学家，哲学家。清末曾任学部图书馆编辑、逊帝溥仪的南书房行走。有幸得窥皇宫所藏，连续撰文三篇，推介大内档案。

方今吾国最近世史，自当起于清代，民国以来，虽有清史馆之设，然前代修明史，约经六十年而后脱稿，清史之成，恐亦遥遥无期，本校研究所国学门及史学系知近世史之重要，特设专科研究，现在广搜材料，用科学之方法，作新式之编纂。

——1922 年蔡元培《请将清内阁档案拨为北大史学材料呈》

蔡元培（1868—1940），字鹤卿，号孑民，浙江绍兴人。近代著名教育家、思想家、民主革命家，中华民国首任教育总长，曾创立中央研究院，担任故宫博物院文献馆理事长。他促成内阁档案拨归北京大学国学门，召集学者组成档案整理委员会，整理、分类并刊布档案。

午间与适之先生及寅恪兄餐，谈及七千袋明清档案事。此七千麻袋档案本是马邻翼时代由历史博物馆卖出，北大所得乃一甚小部分，其大部分即此七千袋……其中无尽宝藏，盖明清历史，私家记载，究竟见闻有限，官书则历朝改换，全靠不住，政治实情，全在此档案中也……此后《明史》改修，《清史》编纂，此为第一种有价值之材料。

——1928 年傅斯年《傅斯年致蔡元培函》

傅斯年（1896—1950），字孟真，山东聊城人。著名历史学家、古典文学研究专家、教育家，创办“中央研究院”历史语言研究所，曾任多所著名高校的教授与校长。在傅斯年的主持下，“中研院”史语所成立明清史料编刊会，由傅斯年、陈寅恪、朱希祖、陈垣、徐中舒 5 人担任编刊委员，编选出版了《明清史料》10 编，100 册。

# 筚路蓝缕：明清档案事业的艰辛起步

【1925—1949】

第二单元

1911年，武昌起义的枪声响起，辛亥革命结束了中国最后一个封建帝制王朝。1925年故宫博物院成立，设立了专门负责管理明清档案的文献部。文献部成为中国历史上第一个具有现代意义的历史档案管理机构，明清档案事业由此开启。档案整理各项工作开始在动荡中艰难探索与维持。明清档案管理体系逐步建立，奠定了明清档案事业的发展基础。

# 一、艰辛起步文献馆

《故宫物品点查报告》6 编 28 册，记录点查各宫殿内物品情况。

1924 年冯玉祥将军发动“北京政变”，末代皇帝溥仪被逐出紫禁城。中华民国临时执政府随后组建“办理清室善后委员会”，负责清点与保管紫禁城内的清宫物品。1925 年 10 月 10 日，故宫博物院成立，下设古物、图书二馆，图书馆分图书、文献二部。文献部主要负责管理明清档案，也整理保管一些清宫物品，1928 年改称文献馆，直到 1951 年改组为故宫博物院档案馆。

## 1. 从文献部到文献馆

故宫博物院成立之初，文献部隶属故宫博物院图书馆。之后，文献部先后改组为掌故部、文献馆。文献馆时期，设编纂、陈列、事务三组开展馆内各项工作。

清室善后委员会点查清宫物品

清室善后委员会封条

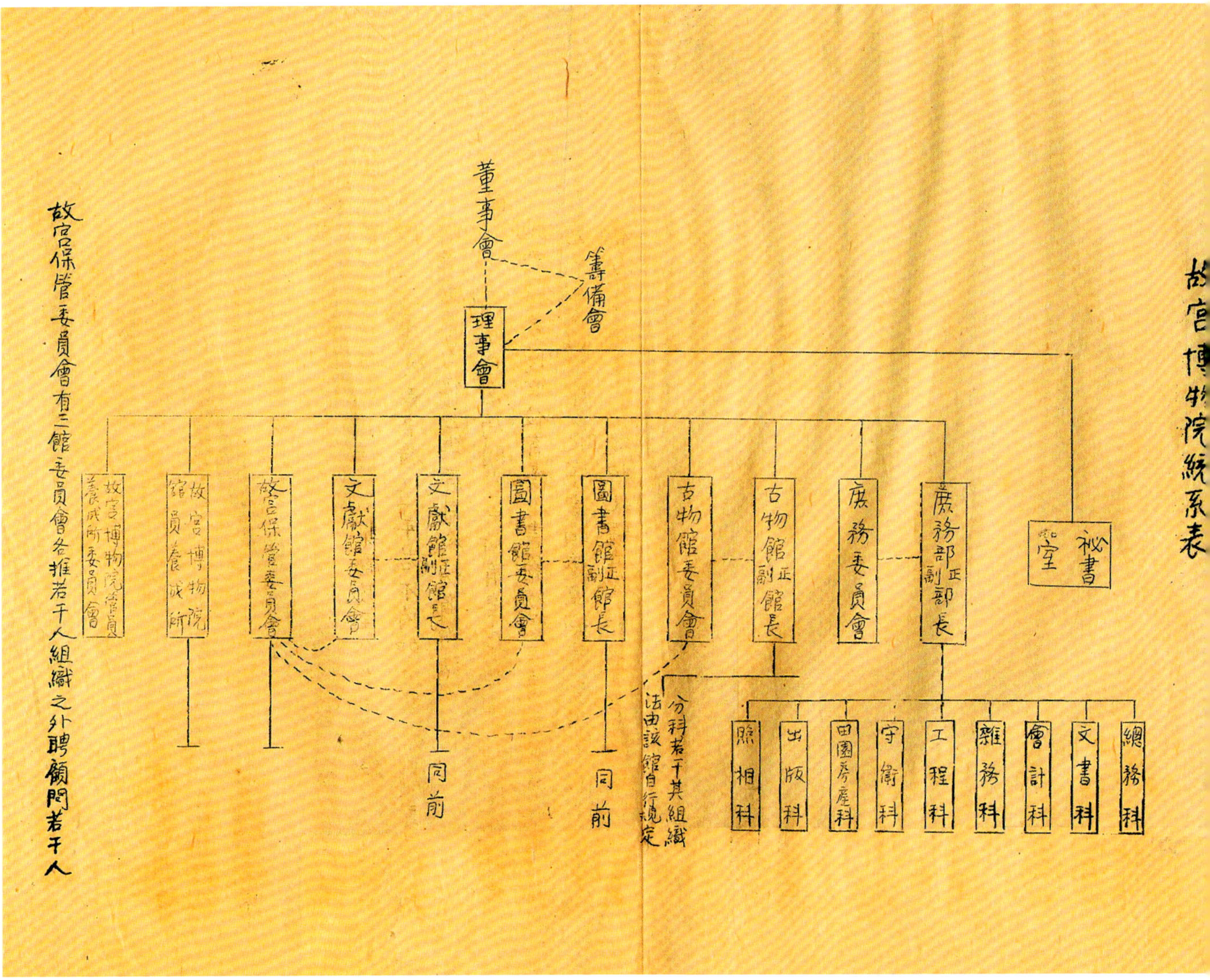


1928年故宫博物院统系表

文献部办公地点设在故宫院内东南角的南三所。文献部以西所为办公处，中所、东所为存档库房。

故宫博物院开院典礼。
1925年10月10日，故宫博物院宣布成立。

文献部早期办公地点——南三所

西所北院北屋东内间（办公室）

文献部库房

西所中院北屋（整理间）

西所中院西屋内间（临时库房）

沈兼士

1925 年任故宫博物院图书馆副馆长，负责文献部工作

张　继

1929 年任文献馆馆长

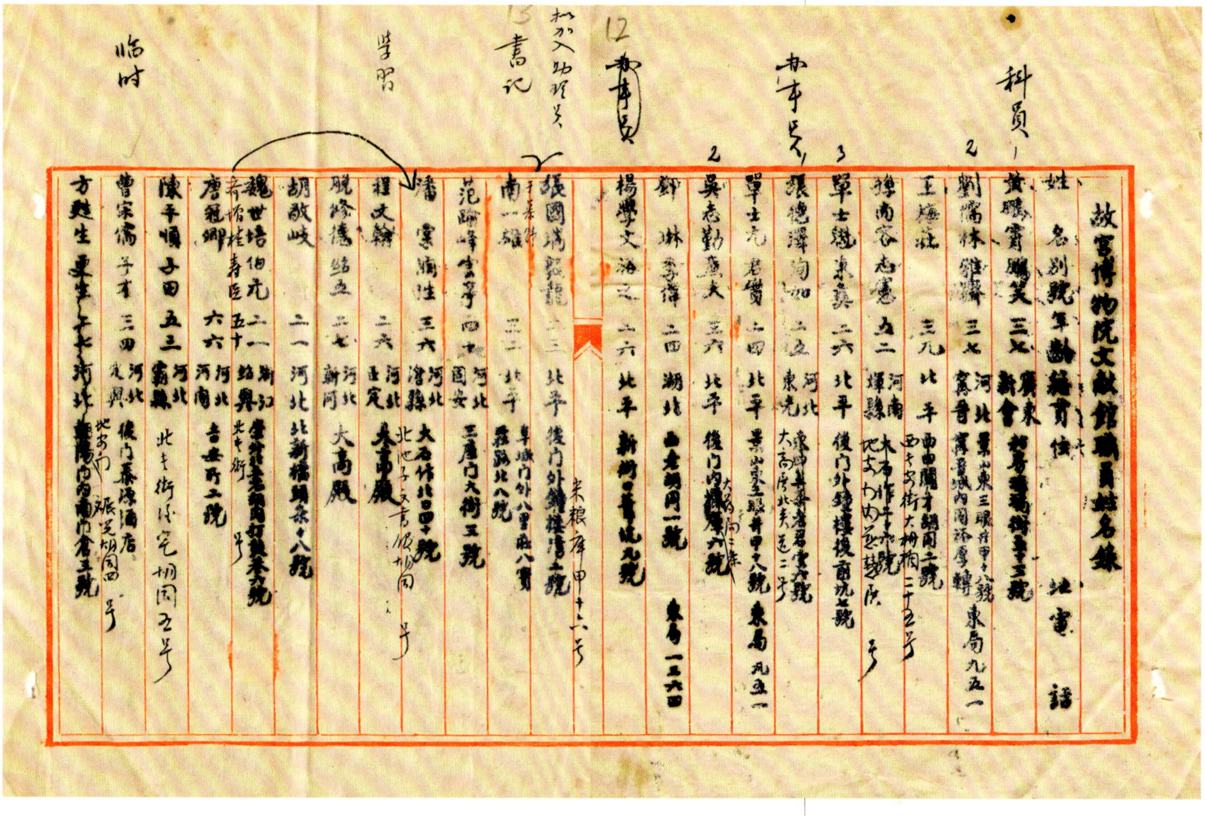

故宮博物院文獻館職員姓名錄

姓　名　別號　年齡　籍貫　住　址　電　話

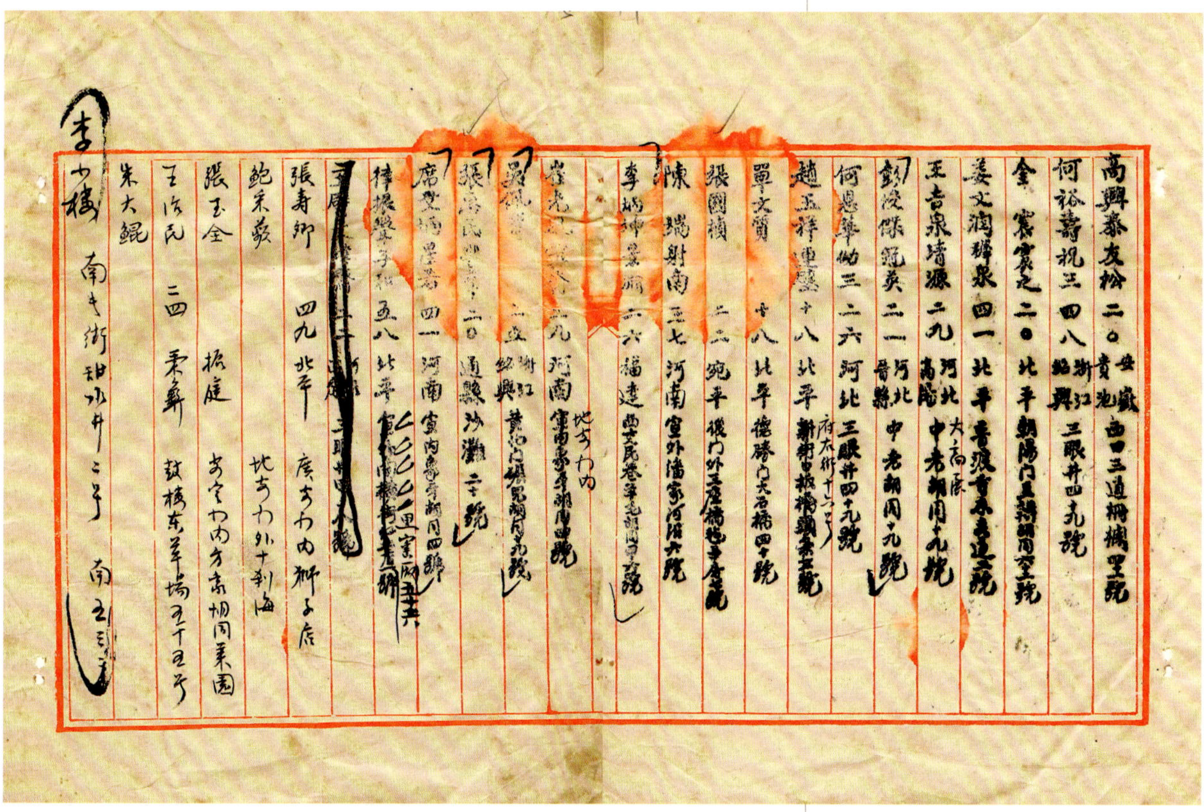

1929 年文献馆职员名录

1929 年 6 月，文献馆设立专门委员会，延聘陈垣、朱希祖、徐炳昶、吴承仕、朱师辙、许宝蘅、陈寅恪、傅斯年、罗家伦、周明泰、齐如山、马廉、刘半农、钢和泰（俄国人）（后增加翁文灏、赵万里）诸先生为委员，指导职员分别整理宫内各处档案和升平署剧本、戏衣等。

故宫博物院文献館館長暨專門委員姓名錄

| 姓名 | 別號 | 住址 | 電話 |
| --- | --- | --- | --- |
| 張繼 | 溥泉 | 東城大取燈胡同 | 東局一三六九 |
| 沈兼士 | | 東城什方院十九號 | 東局三四五六 |
| 陳垣 | 援庵 | 西城豐盛胡同十八號 | 西局三五二 |
| 朱希祖 | 逷先 | 西城草場大坑廿號 | |
| 徐炳昶 | 旭生 | 第二勤乾院 | 西局六二一 |
| 吳承仕 | 檢齋 | 宣外教場上四條廿號 | |
| 朱師轍 | 少濱 | 西城武衣庫四號 | |
| 許寶蘅 | 季湘 | 宣外兵馬司中街二號 | 南局三二二 |
| 陳寅恪 | | 西四姚家胡同三號 | 西局九五八 |
| 傅斯年 | 孟真 | 北海靜心齋 | 西局二七九 |
| 羅家倫 | 志希 | 清華學校 | |
| 周明泰 | 志輔 | [illegible]五號 | 南局一一八三 |
| 齊如山 | | | |
| 馬廉 | 隅卿 | 孔德學校 | |
| 劉復 | 半農 | 東華門外大光宮胡同 | |
| 鋼和泰 | | 奧國府後身 | |

文献馆专门委员会名录

1948 年文献馆职员合影

## 2. 明清档案的初步整理

文献馆时期档案堆积情况

文献部时期，主要工作是清理宫中档案和军机处档案。文献馆成立后，陆续集中紫禁城内各处档案，依档案来源原则，分为宫中、军机处、内阁大库、内务府、清史馆、宗人府以及后来的购入档案等几大体系，分别保管整理，工作日趋规范。至1948年，初步整理档案100余万件，其中登记编目94万件。

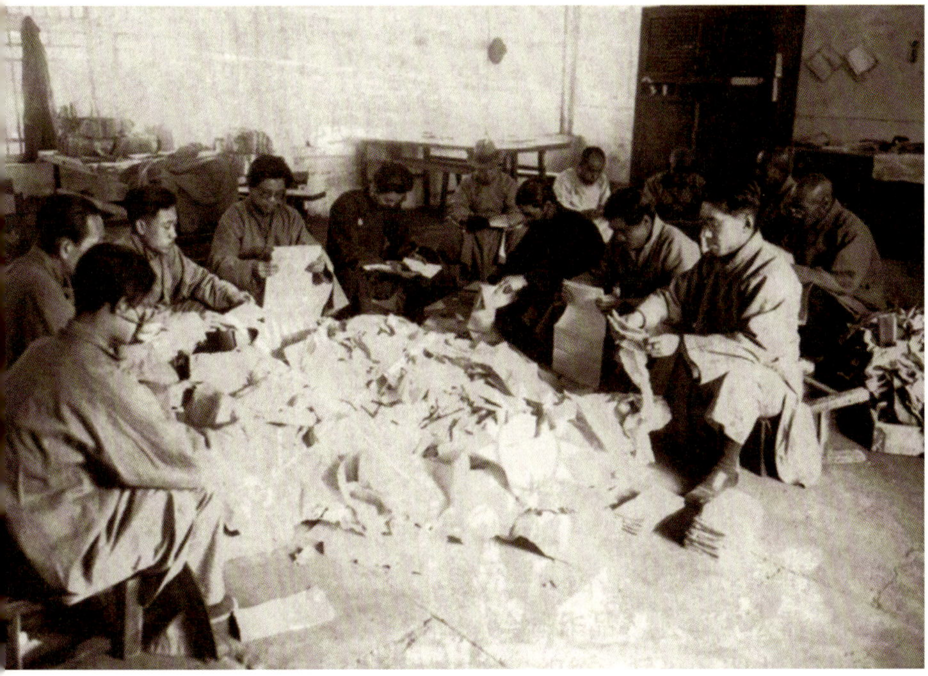

1930年文献馆职员整理实录场景

1937 年文献馆职员在内阁大库整理档案

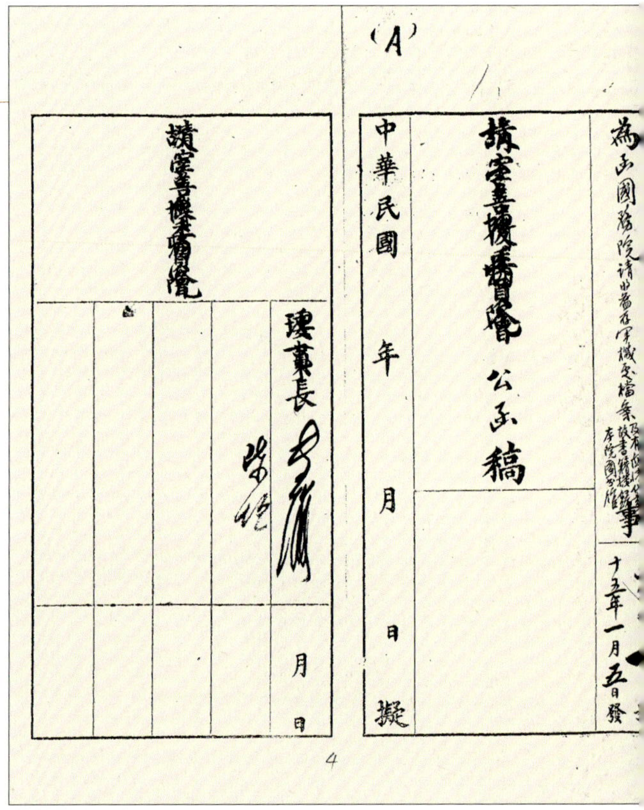
(A)

公函稿

為函國務院請將存軍機處檔案……撥歸本院圖書館事

十五年一月五日發

中華民國　年　月　日擬

理事長

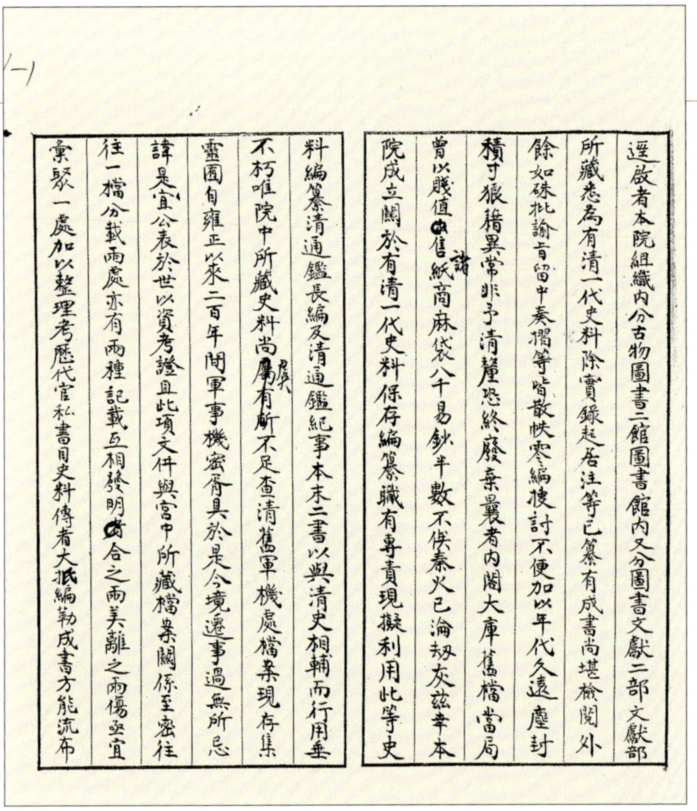
1-1

逕啟者本院組織內分古物圖書二館圖書館內又分圖書文獻二部文獻部所藏悉為有清一代史料除實錄起居注等已纂有成書尚堪檢閱外餘如硃批諭旨留中奏摺等皆散帙零編搜討不便加以年代久遠塵封積寸狼籍異常非予清釐恐終廢棄曩者內閣大庫舊檔當局曾以賤值售諸紙商麻袋八千易鈔半數不俟秦火已淪劫灰茲幸本院成立關於有清一代史料保存編纂職有專責現擬利用此等史料編纂清通鑑長編及清通鑑紀事本末二書以與清史相輔而行用垂不朽唯院中所藏史料尚屬有所不足查清舊軍機處檔案現存集靈囿自雍正以來二百年間軍事機密胥具於是今境遷事過無所忌諱是宜公表於世以資考證且此項文件與宮中所藏檔案關係至密往往一檔分載兩處亦有兩種記載互相發明合之兩美離之兩傷亟宜彙聚一處加以整理考歷代官私書目史料傳者大抵編勒成書方能流布

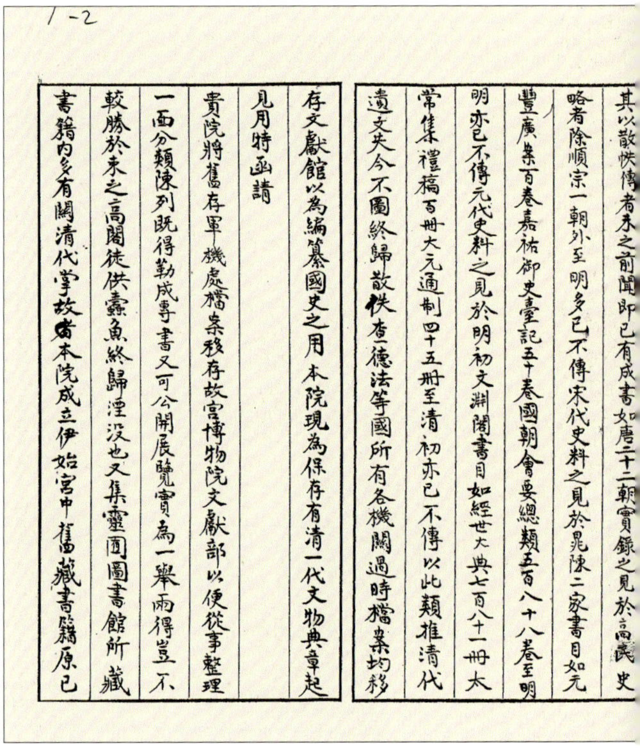
1-2

其以散帙傳者求之前聞即已有成書如唐二十二朝實錄之見於高氏史略者除順宗一朝外至明多已不傳宋代史料之見於晁陳二家書目如元豐廣案百卷嘉祐御史臺記五十卷國朝會要總類五百八十八卷至明明亦已不傳元代史料之見於明初文淵閣書目如經世大典七百八十一冊太常集禮稿百冊大元通制四十五冊至清初亦已不傳以此類推清代遺文失今不圖終歸散佚查德法等國所有各機關過時檔案均移存文獻館以為編纂國史之用本院現為保存有清一代文物典章起見用特函請

貴院將舊存軍機處檔案移存故宮博物院文獻部以便從事整理一面分類陳列既得勒成專書又可公開展覽實為一舉兩得豈不較勝於束之高閣徒供蠹魚終歸湮沒也又集靈囿圖書館所藏書籍內多有關清代掌故者本院成立伊始宮中舊藏書籍原已

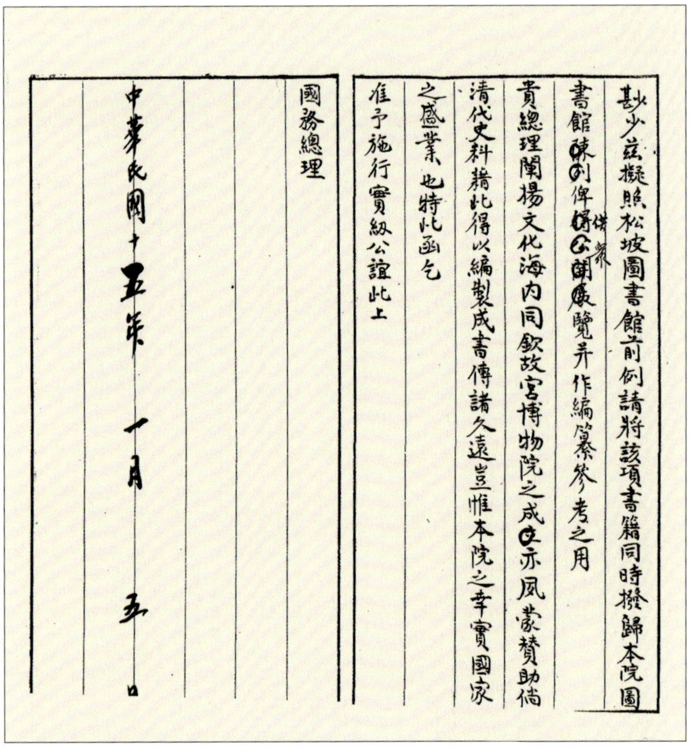
尠少茲擬照松坡圖書館前例請將該項書籍同時撥歸本院圖書館陳列俾供公開展覽并作編纂參考之用

貴總理闡揚文化海內同欽故宮博物院之成立亦夙蒙贊助倘清代史料藉此得以編製成書傳諸久遠豈惟本院之幸實國家之盛業也特此函乞

准予施行實級公誼此上

國務總理

中華民國十五年一月五日

1926 年故宫博物院请将军机处档案拨归文献部致北洋政府国务院的函

1926年1月，故宫博物院向北洋政府国务院交涉，将清代军机处档案移至大高玄殿。

大高玄殿后殿之清代军机处档案

陈垣（1880—1971），著名历史学家、宗教史学家、教育家。曾任多所高校教授、校长，故宫博物院图书馆馆长等职。他于1929年提出的“档案整理八法”和“秤不离砣”原则，对明清档案整理有开拓性贡献。

**“档案整理八法”**

分类——或照档案种类分，或依文字分，或按形式（纸样格式，成本的，零散的）分。这是最初步的工作。

分年——分类之后，再把档案依形成年代分类。

分部——按档案所属部门分类。

分省——按档案所涉地区分类。

分人——依文献撰写人分类。

分事——以事归类。

摘由——把一个文件的事由写出来。

编目——即把所有整理成功的档案编成几个总目，便能依类检出。

**“秤不离砣”原则**

凡做档案工作者，不宜将档案轻易分散及移动，所谓秤不离砣也。

——陈垣《档案的整理》

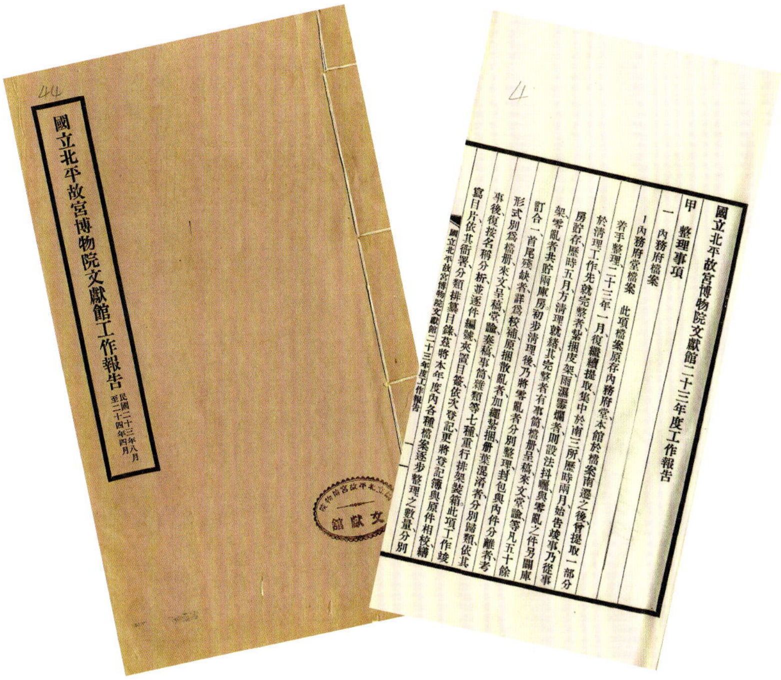
國立北平故宮博物院文獻館工作報告 民國二十三年八月至二十四年四月

國立北平故宮博物院文獻館二十三年度工作報告

1934 年《国立北平故宫博物院文献馆二十三年度工作报告》

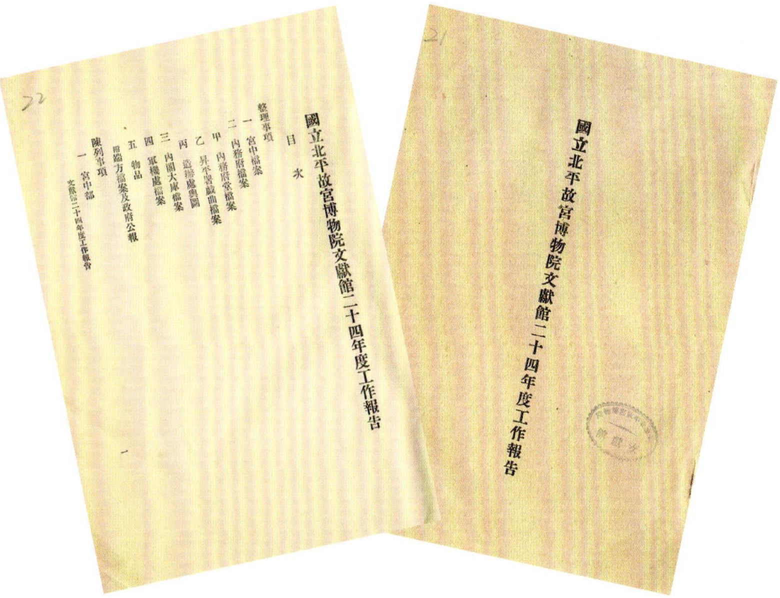
國立北平故宮博物院文獻館二十四年度工作報告

1935 年《国立北平故宫博物院文献馆二十四年度工作报告》

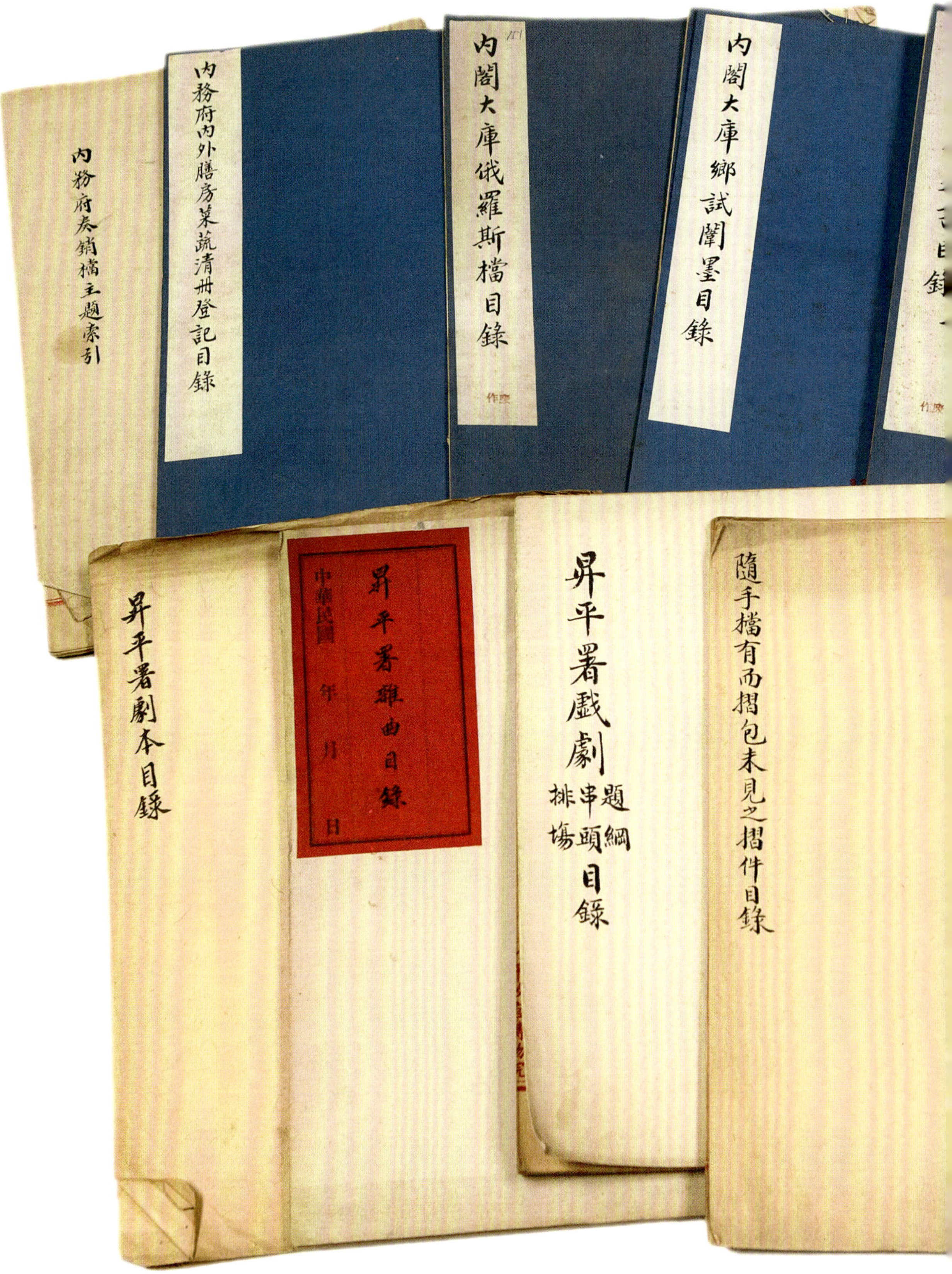
内務府奏銷檔主題索引
内務府内外膳房菜蔬清冊登記目錄
内閣大庫俄羅斯檔目錄
内閣大庫鄉試闈墨目錄
昇平署劇本目錄
昇平署雜曲目錄
中華民國 年 月 日
昇平署戲劇題綱串頭排場目錄
隨手檔有而摺包未見之摺件目錄

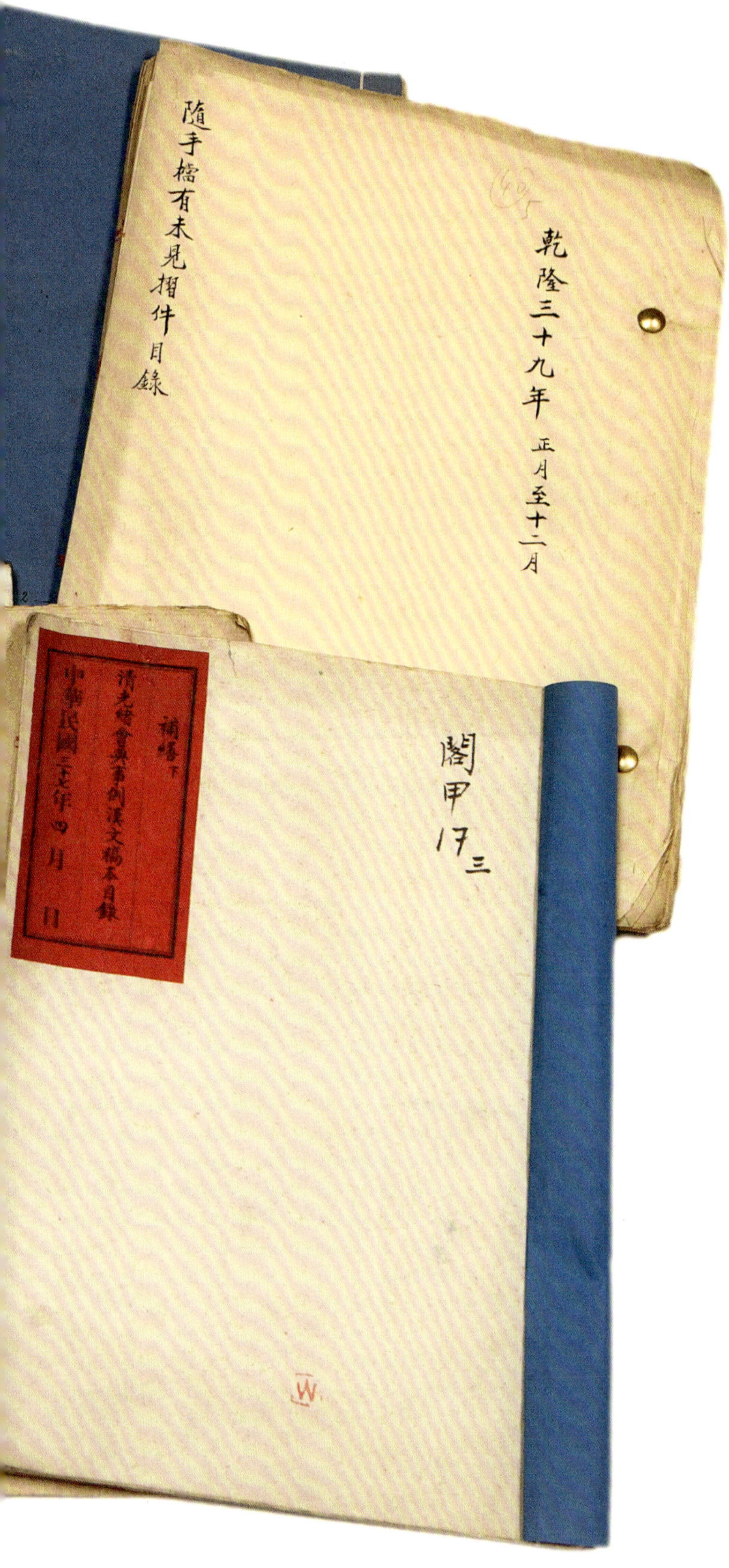


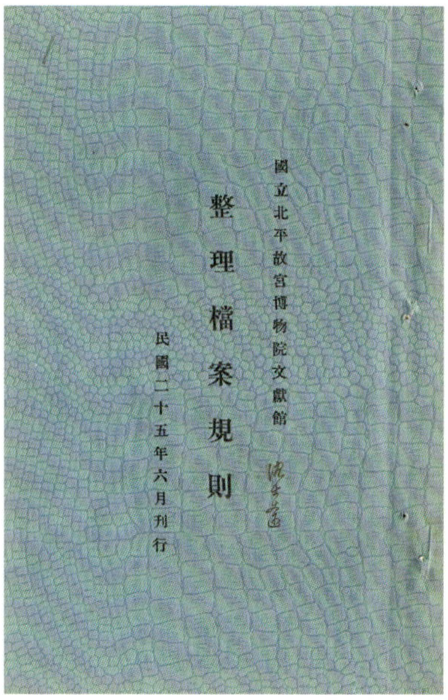


1936 年《国立北平故宫博物院文献馆整理档案规则》

文献馆时期档案整理目录

## 3. 明清档案的早期刊布

1928 年出版《读书堂西征随笔》

1929 年出版《清代帝后像》

1930 年出版《筹办夷务始末》

1937 年出版《总管内务府现行则例》

明清档案是学术研究重要的原始文献。文献馆时期十分重视明清档案的编辑出版工作，包括汇编出版专题史料书籍、择要编印档案目录及索引、辑录印制图籍、刊布期刊等。

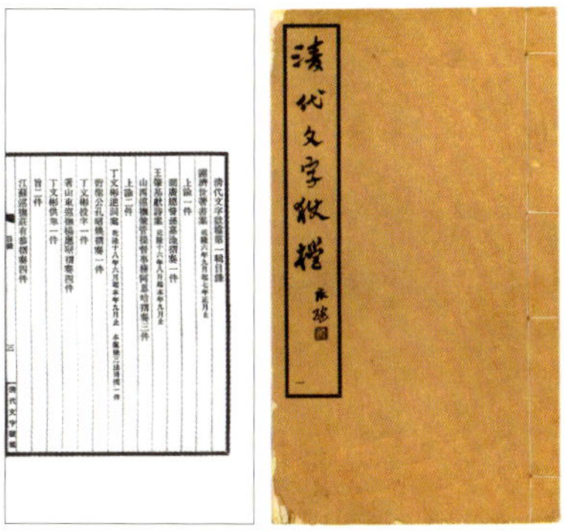


1931 年出版《清代文字狱档》

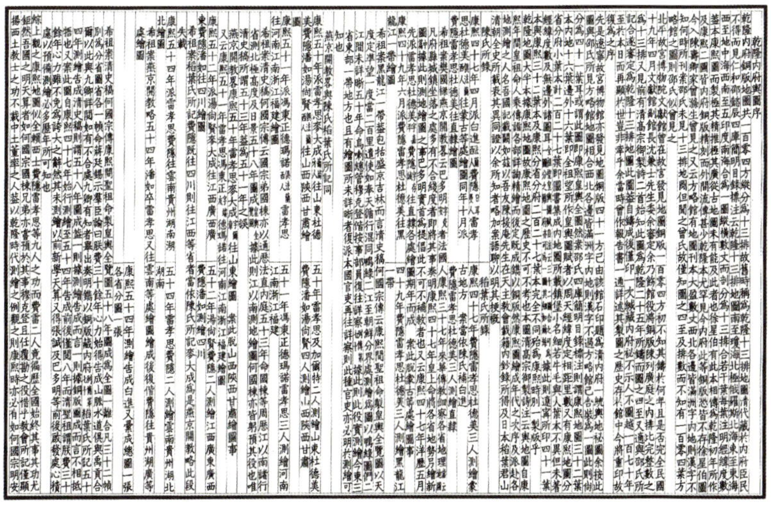

1932 年出版《清乾隆内府舆图》

聖駕往回萬祈佛過十日至要至要謹奏

聖主大紫批示臣不勝幸甚

聖主啟行日期何人隨往總理事務臣皆無
由得知臣心不禁戀戀伏祈

仁壽太后山陵告成皆在九月

聖祖皇帝
雍正硃批年羹堯奏摺

《掌故叢編》

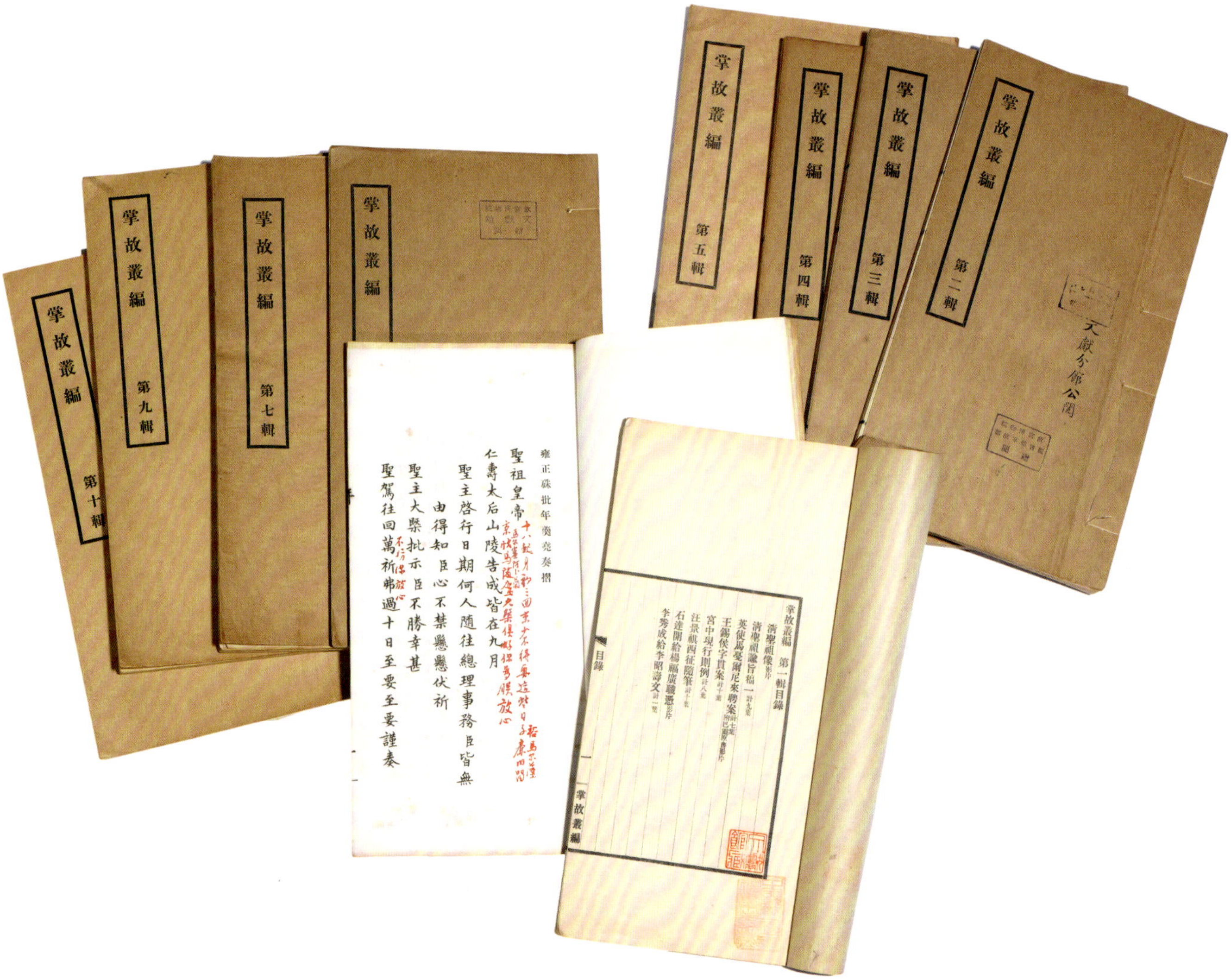

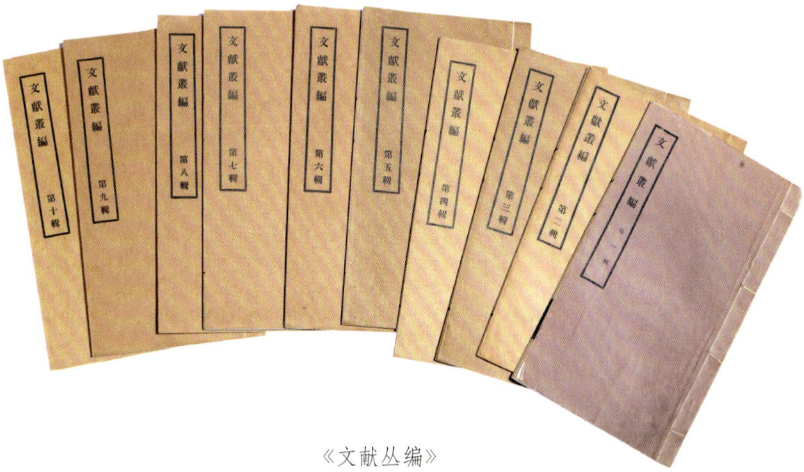


《文献丛编》

《史料旬刊》

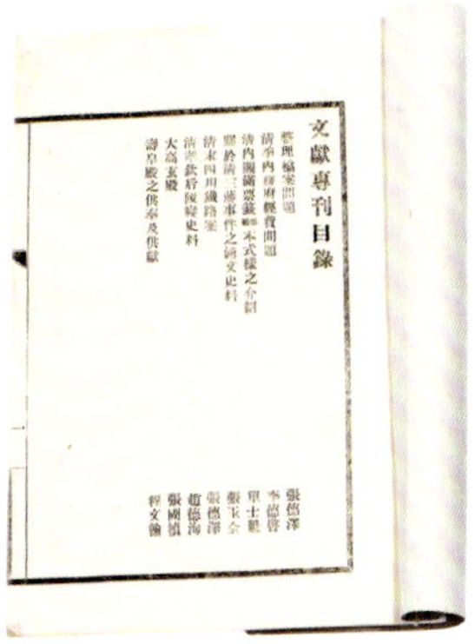


1945 年为纪念故宫博物院成立 20 周年出版的纪念刊物——《文献专刊》

文献馆时期，直接提供档案史料，以便读者查阅。自 1930 年起，陆续有学者前往文献馆查阅档案，以高校师生及研究机构的工作人员为主，包括社会调查所、清华大学、北京大学的师生。

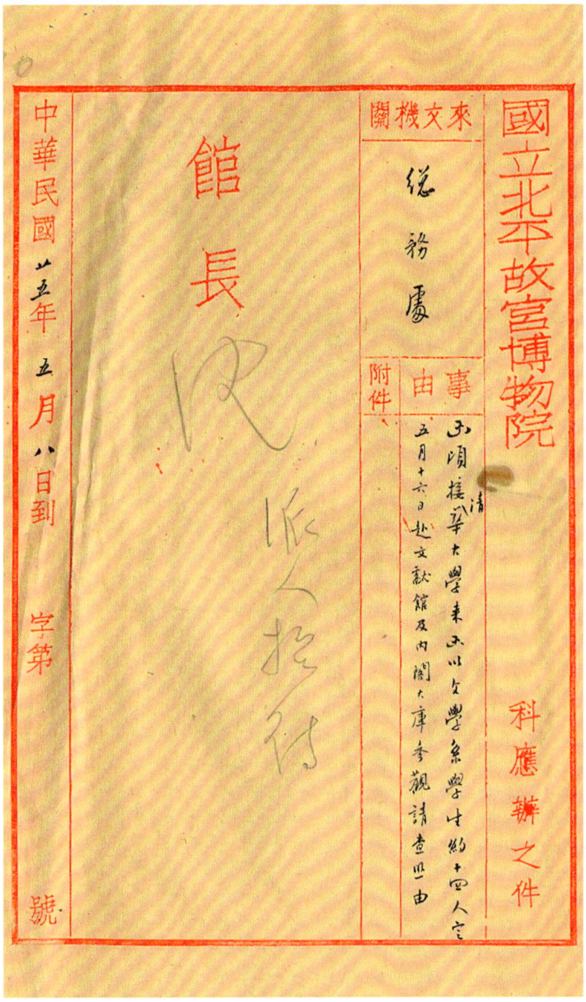

國立北平故宮博物院

來文機關 總務處

事由 函頃接清華大學來函以文學系學生約十四人定五月十六日赴文獻館及內閣大庫參觀請查照由

附件

科應辦之件

館長

閱

派人招待

中華民國廿五年五月八日到

字第　號

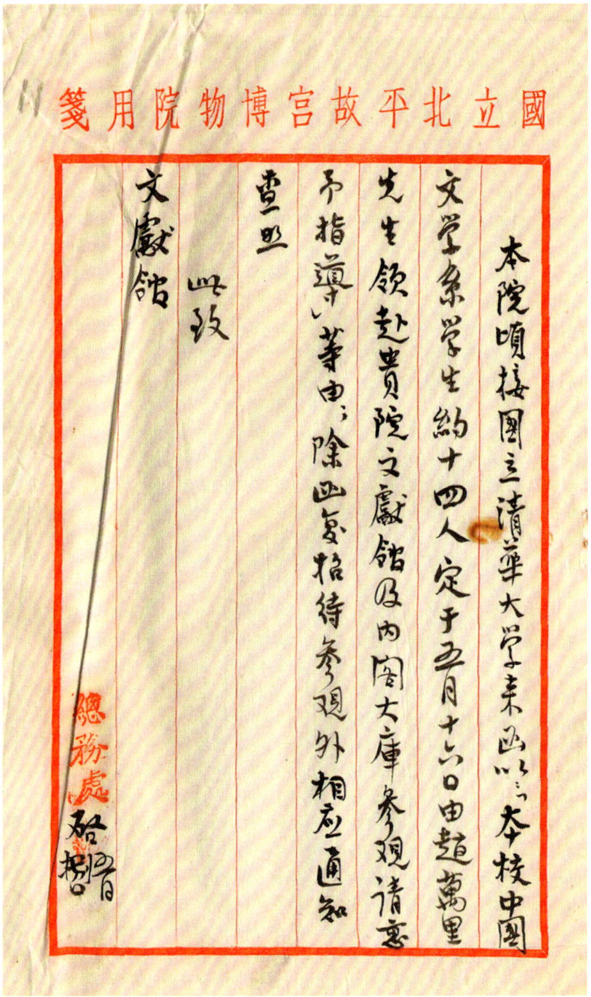

國立北平故宮博物院用箋

本院頃接國立清華大學來函以："本校中國文學系學生約十四人定于五月十六日由趙萬里先生領赴貴院文獻館及內閣大庫參觀，請惠予指導"等由；除函復招待參觀外，相應通知查照。此致

文獻館

總務處啓

1936 年接待清华大学学生参观函

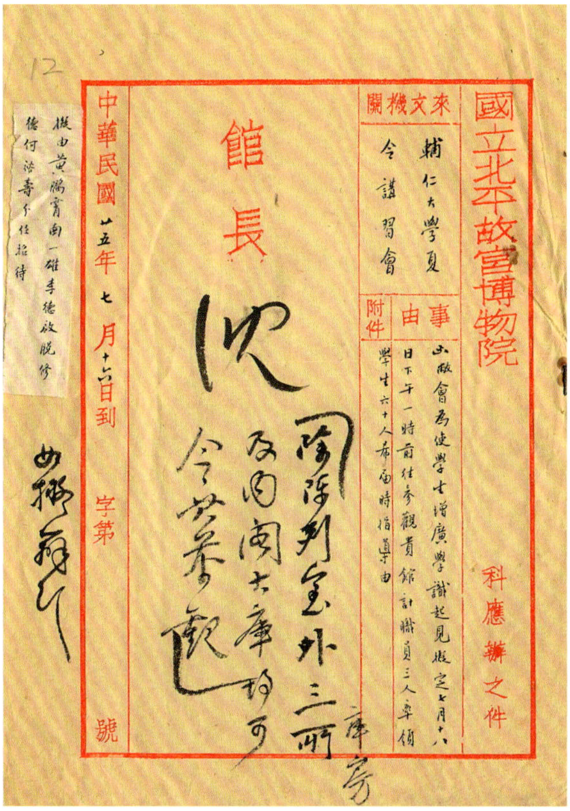

12

國立北平故宮博物院

來文機關：輔仁大學夏令講習會

事由：此敝會為使學生增廣學識起見擬定七月十八日下午一時前往參觀貴館計職員三人率領學生六十人希届時指導由

附件

科應辦之件

館長 沈

閱諮判室外三所及內閣大庫均可令其參觀

中華民國廿五年七月十六日到 字第 號

擬由黃鵬霄 單士魁 李德啟 脫修德 何澄壽 任招待

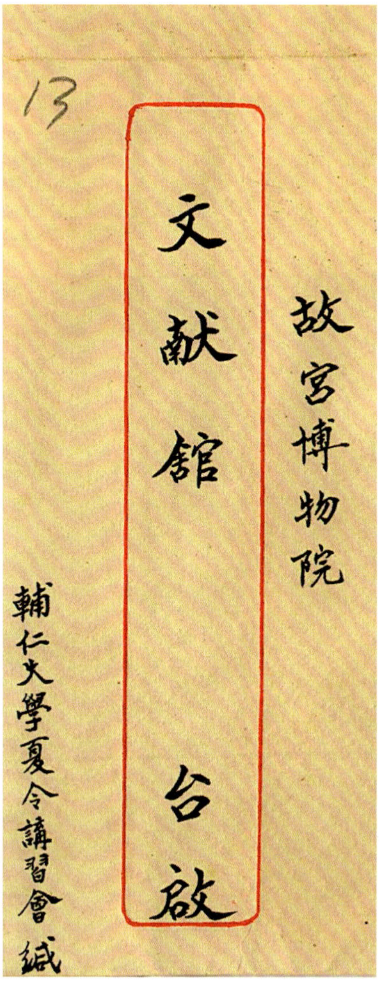

13

故宮博物院

文獻館 台啟

輔仁大學夏令講習會緘

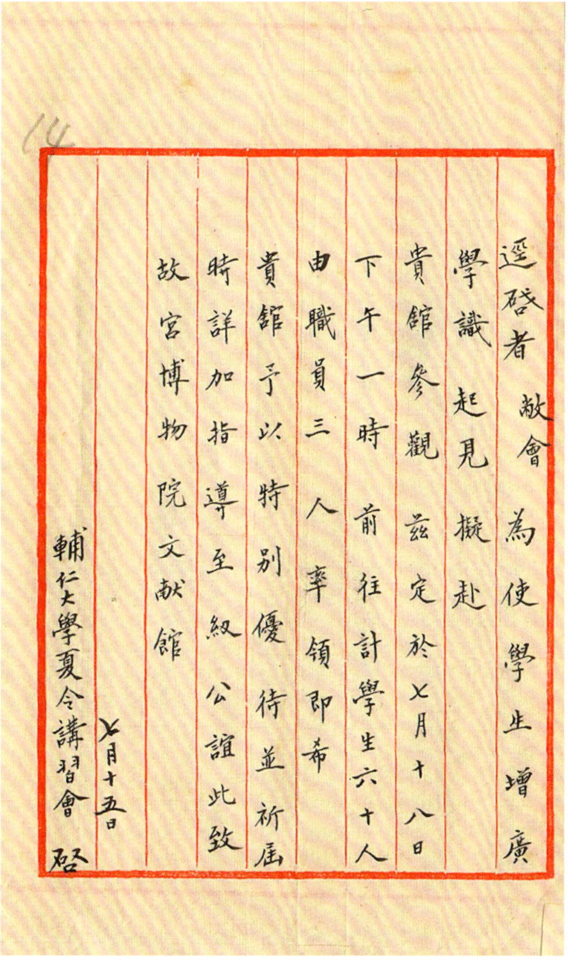

14

逕啓者 敝會為使學生增廣學識起見擬赴

貴館參觀茲定於七月十八日下午一時前往計學生六十人由職員三人率領即希

貴館予以特別優待並祈届時詳加指導至級公誼此致

故宮博物院文獻館

輔仁大學夏令講習會啓

七月十五日

1936年接待辅仁大学学生参观函

# 二、南迁西运护瑰宝

装箱前档案状况

1931 年“九一八”事变后，华北局势日趋危机。为了躲避战火，确保档案安全，文献馆的部分明清档案与故宫文物一起，于 1933 年共分五批陆续运抵上海。文献馆的明清档案分散在前四批中迁运：第一批 1064 箱，第二批 436 箱，第三批 1240 箱，第四批 1033 箱，总计 3773 箱。

装运档案的木箱

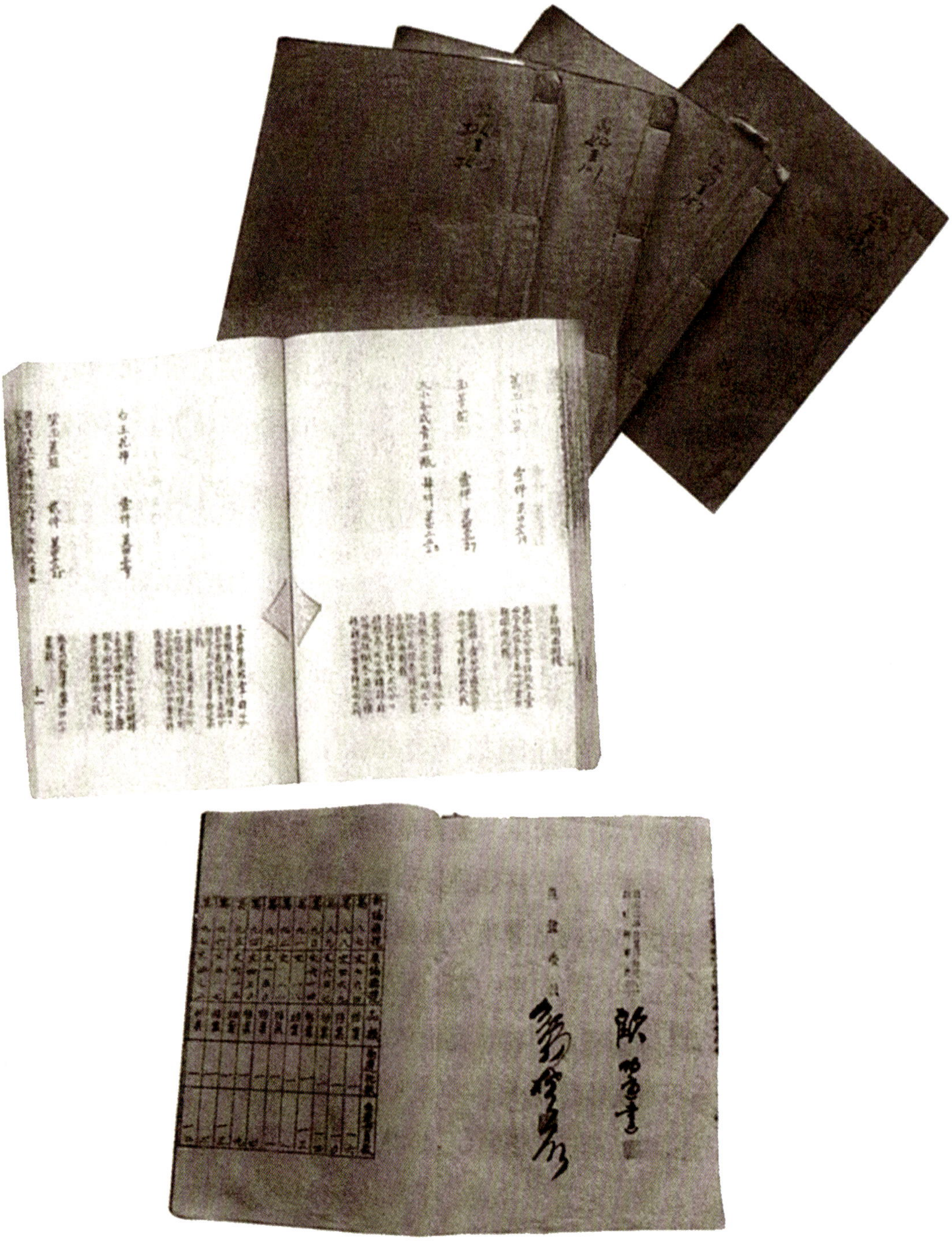

《存沪文物点收清册》

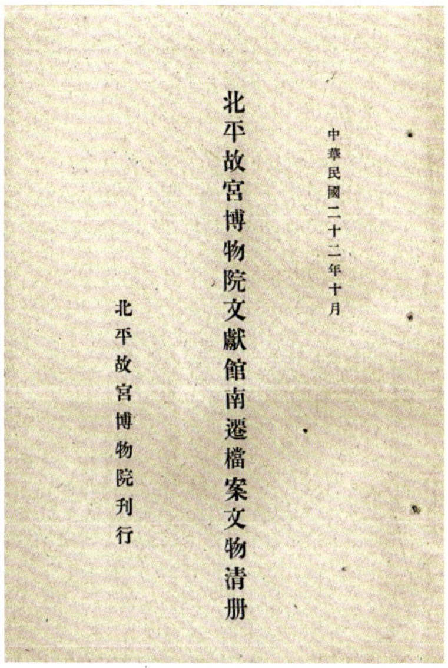
中華民國二十二年十月

北平故宮博物院文獻館南遷檔案文物清冊

北平故宮博物院刊行

1933 年《北平故宫博物院文献馆南迁档案文物清册》

上 第一批档案文物南迁前集中摆放的木箱

中 档案搬运实况

下 第三批档案文物南迁木箱装车情况

**档案文物南迁表**

| 批 次 | 起运日期 | 运达日期 | 文献馆箱数 | 总箱数 |
|---|---|---|---|---|
| 第一批次 | 1933 年 2 月 6 日 | 1933 年 3 月 5 日 | 1064 箱 | 故宫文物总箱数：13427 箱又 64 包；<br>其他单位：<br>古物陈列所 5414 箱；<br>颐和园 640 箱又 8 包 8 件；<br>中央研究院 37 箱；<br>内政部 4 箱；<br>国子监石鼓 11 箱；<br>先农坛乐器 88 箱 |
| 第二批次 | 1933 年 3 月 14 日 | 1933 年 3 月 21 日 | 436 箱 | |
| 第三批次 | 1933 年 3 月 28 日 | 1933 年 4 月 5 日 | 1240 箱 | |
| 第四批次 | 1933 年 4 月 19 日 | 1933 年 4 月 27 日 | 1033 箱 | |
| 第五批次 | 1933 年 5 月 15 日 | 1933 年 5 月 23 日 | 无 | |

**文献馆南迁档案箱数表**

| 档案名称 | 第一批箱数 | 第二批箱数 | 第三批箱数 | 第四批箱数 | 总计箱数 |
|---|---|---|---|---|---|
| 内阁大库档案 | 1064 | | 316 | 136 | 1516 |
| 刑部档案 | | 86 | | | 86 |
| 军机处档案 | | 96 | 119 | 150 | 365 |
| 宫中档案 | | 230 | 121 | 110 | 461 |
| 册 宝 | | 8 | 27 | | 35 |
| 图 像 | | 16 | 43 | 3 | 62 |
| 内务府档案 | | | 32 | | 32 |
| 清史馆档案 | | | 77 | | 77 |
| 起居注 | | | 29 | 37 | 66 |
| 实录及圣训 | | | 187 | 320 | 507 |
| 剧 本 | | | 5 | | 5 |
| 冠服盔甲 | | | 32 | | 32 |
| 陈列室陈列图 | | | 9 | | 9 |
| 戏 衣 | | | 200 | | 200 |
| 地图铜版 | | | 26 | | 26 |
| 舆 图 | | | 17 | | 17 |
| 玉 牒 | | | | 94 | 94 |
| 乐 器 | | | | 160 | 160 |
| 仪 仗 | | | | 16 | 16 |
| 武 器 | | | | 5 | 5 |
| 印玺空匣 | | | | 2 | 2 |
| 共计箱数 | 1064 | 436 | 1240 | 1033 | 3773 |

1934年12月，故宫博物院决定将南京朝天宫作为新的保存库。库房落成后，上海所存的文物档案紧锣密鼓地迁往南京。

1937年，七七卢沟桥事变爆发，南迁国宝再次处于危急之中。于是，自1937年8月起，随着抗战形势的变化，存放南京的文物、档案在经过短暂停歇之后，分三路开始了辗转艰辛的西运历程。

1937年8月，南路80箱文物，经长沙、贵阳、安顺，最终安放于重庆巴县。

1937年11月，中路9369箱文物，包含文献馆档案、物品1082箱，经汉口、宜昌、重庆、宜宾，最终抵达四川乐山安古祠堂。

1937年12月，北路7286箱文物，包含文献馆档案956箱，由陆路西迁，经徐州、郑州、宝鸡、成都，最终抵达峨眉。

至此，西运文物全部安置妥当。

南京分院保存库内文物箱件贮置情形

档案文物西运表

| 批　次 | 时　间 | 路　线 | 文献馆箱数 | 总箱数 |
| --- | --- | --- | --- | --- |
| 南　路 | 1937 年 8 月—1944 年 | 长沙→贵阳→安顺→巴县 | 无 | 80 箱 |
| 中　路 | 1937 年 11 月—1939 年 | 汉口→宜昌→重庆→宜宾→乐山 | 1082 箱 | 9369 箱 |
| 北　路 | 1937 年 12 月—1939 年 | 徐州→郑州→宝鸡→成都→峨眉 | 956 箱 | 7286 箱 |

第一批西运档案文物转运贵州途中

第二批西运档案文物押运人员及眷属

第二批西运档案文物存放地：四川乐山安谷祠堂

第三批西运档案文物存放地：峨眉办事处

抗日战争胜利后，西运档案开始奉令迁回南京。离散的档案文物，历经十载，得以汇聚。在长达八年的全面抗战中，明清档案幸得保全。

第三批西运档案文物车辆涉水行进实况

第三批档案文物西运途中搭建浮桥实况

第三批西运档案文物车辆途经陕西明月峡险道

第三批西运档案文物车辆木船渡河实况

## 部分档案文物迁台情况

**第一批**

时间：

1948 年 12 月 22 日 -12 月 26 日

路线：

南京→台湾省基隆→台中糖厂仓库

文献馆档案物品：7 箱

总箱数：772 箱

**第二批**

时间：

1949 年 1 月 6 日 -1 月 9 日

路线：

南京→台湾省基隆→台中糖厂仓库

文献馆档案物品：无

总箱数：3502 箱

**第三批**

时间：

1949 年 1 月 -2 月 22 日

路线：南京→台湾省基隆→台中糖厂仓库

文献馆档案物品：197 箱

总箱数：1248 箱

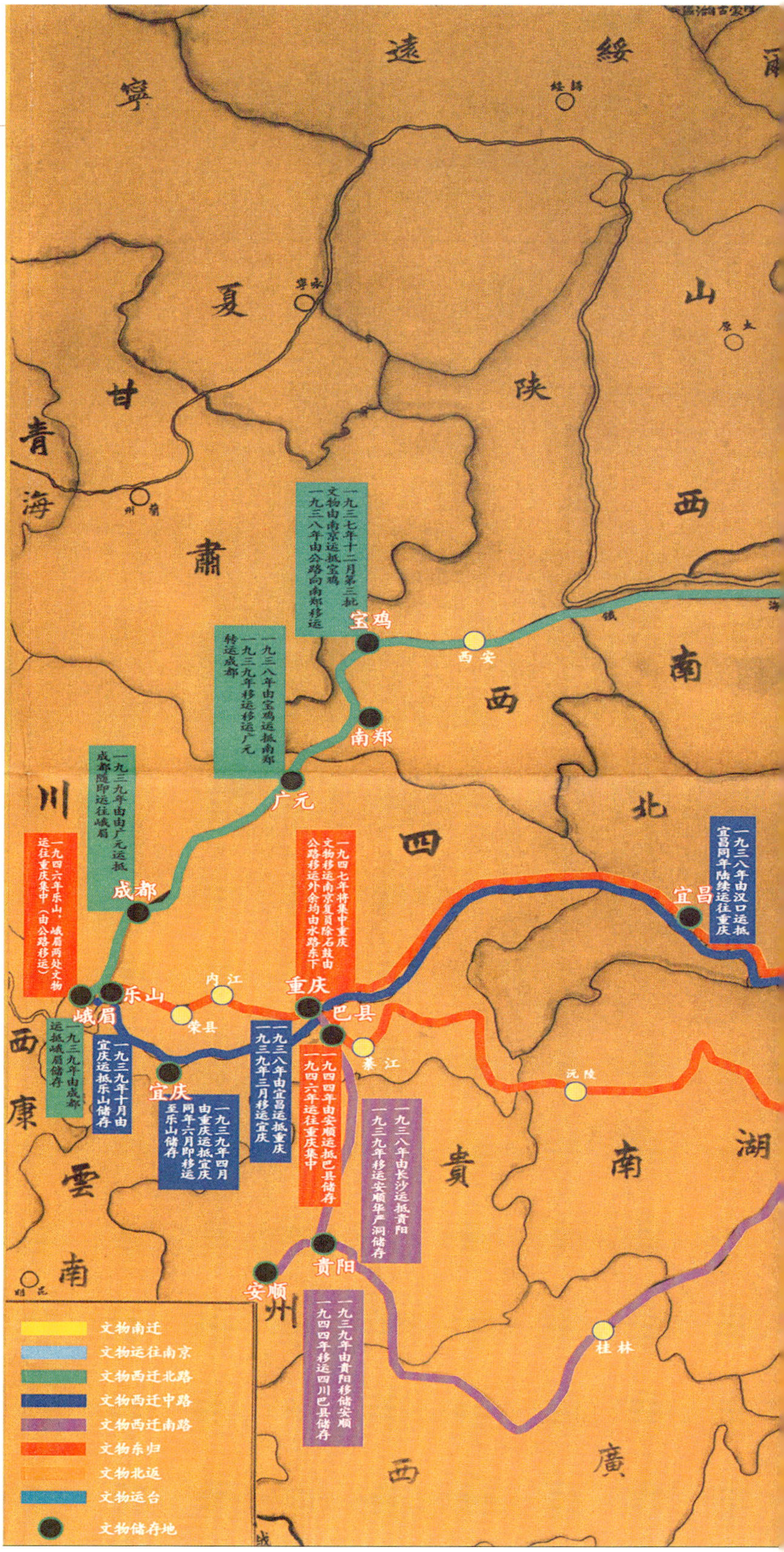

1948 年 12 月，蒋介石败退台湾，存放于南京的部分文物和档案被迁往台湾。中华人民共和国成立后，留存在南京的文物及档案自 1950 年起，分三批陆续运回北京，至 1958 年完成移交。同根同源的文化遗珍，至今两岸睽隔。

档案文物迁移路线图

苹先熟。犹能挂下窗签

史、呼风与万听诵诗。图

时何由探轨迹，民情从以识端倪。

上林春讯人间满，万朵红梅花

万枝。

一九六〇年一月廿六日于从化

郭沫若

二四

第三单元

# 基业初奠：明清档案事业的奋力推进

【1949—1980】

1949年10月1日，中华人民共和国成立，明清档案事业进入新纪元。为使明清档案更好地服务国家与社会，明清档案人初心如磐，扎根档房，几次接运南迁档案，多渠道接收散佚档案，持续改善保管条件，钻研分类整理方法，向社会提供编研成果，着力培养满文人才，拓宽国内外学术交流与档案利用平台，为改革开放后明清档案事业高速发展奠定了坚实基础。

# 一、机构沿革屡更名

中华人民共和国成立后，党和政府十分重视档案工作。1949—1980年间，明清档案的管理机构和隶属关系几经变更：1951年，故宫博物院将文献馆改称档案馆；1955年，故宫博物院档案馆及皇史宬划归国家档案局，改称第一历史档案馆；1959年，改属中央档案馆，改称明清档案部；1969年重新归属故宫博物院，先后改称明清档案组、明清档案部；1975年，明清档案部迁入新建的故宫西华门内大楼，明清档案保管基地和研究利用中心逐渐形成。

1950年代故宫博物院档案馆

1950年代档案馆工作人员在故宫太和殿前合影

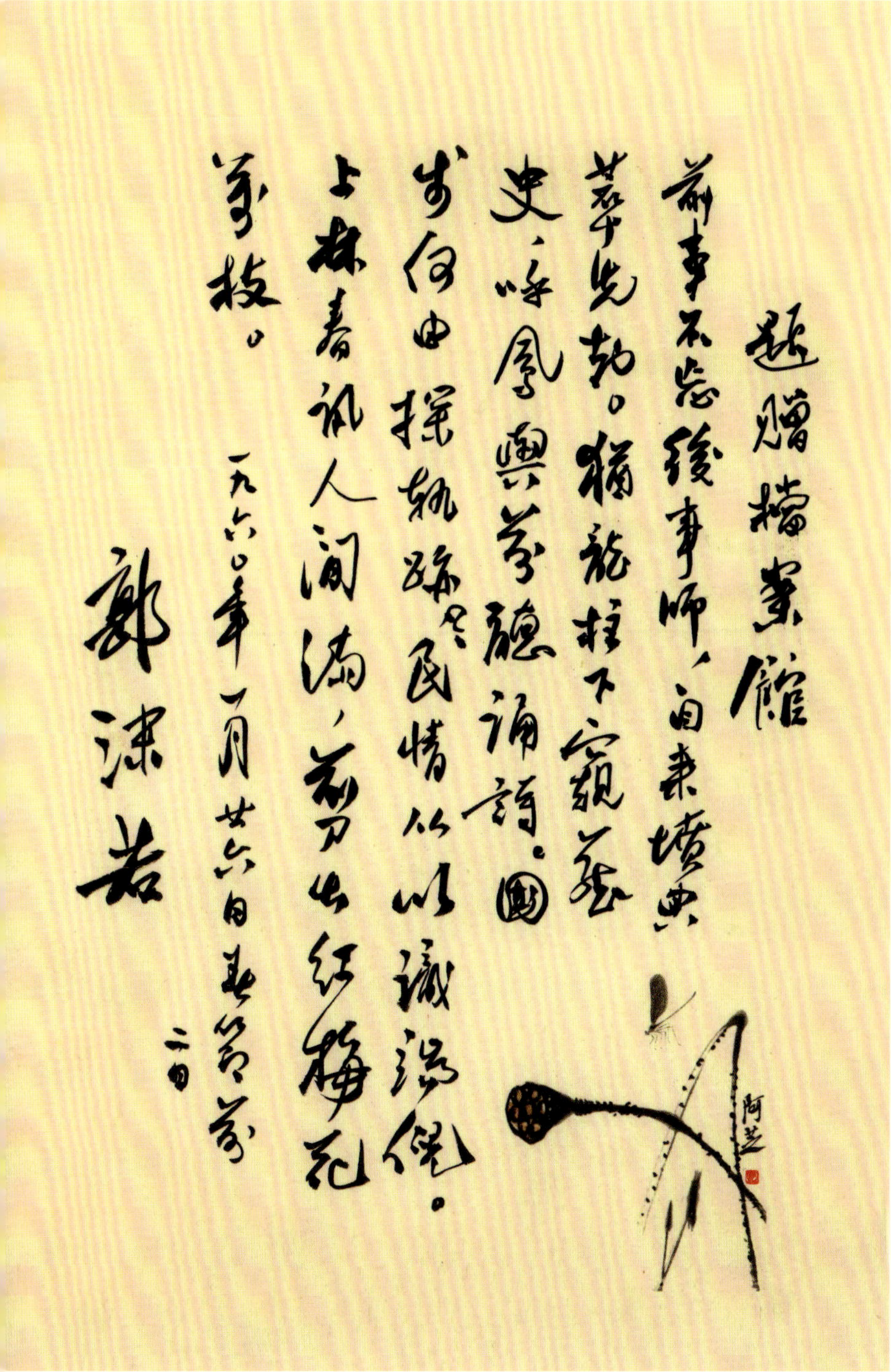

郭沫若诗作《题赠档案馆》

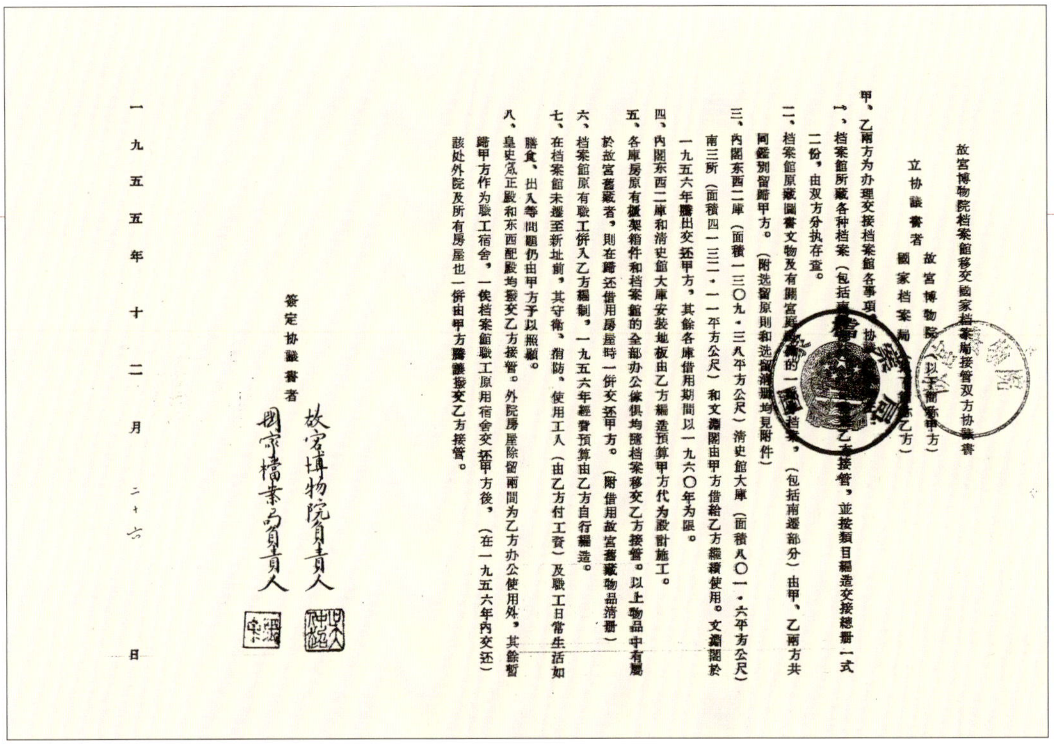

故宮博物院档案館移交國家档案局接管双方协議書

立协議書者　故宮博物院（以下簡称甲方）
　　　　　　國家档案局（[illegible]乙方）

甲、乙兩方为办理交接档案館各事項[illegible]協[illegible]

1、档案館所藏各种档案（包括南[illegible]乙方接管，並接類目編造交接總册一式二份，由双方分执存查。

二、档案館原藏圖書文物及有關宮廷[illegible]的一[illegible]档案，（包括南遷部分）由甲、乙兩方共同鑑別留歸甲方。（附选留原則和选[illegible]清册均見附件）

三、內閣东西二庫（面積一三〇九·三八平方公尺）清史館大庫（面積八〇一·六平方公尺）南三所（面積四一三二·一一平方公尺）和文淵閣由甲方借給乙方繼續使用。文淵閣於一九五六年騰出交还甲方，其餘各庫借用期間以一九六〇年为限。

四、內閣东西二庫和清史館大庫安裝地板由乙方編造預算甲方代为設計施工。

五、各庫房原有櫃架箱件和档案館的全部办公傢俱均隨档案移交乙方接管。以上物品中有屬於故宮舊藏者，則在歸还借用房屋時一併交还甲方。（附借用故宮舊藏物品清册）

六、档案館原有職工併入乙方編制，一九五六年經費預算由乙方自行編造。

七、在档案館未遷至新址前，其守衛、消防、使用工人（由乙方付工資）及職工日常生活如膳食、出入等問題仍由甲方予以照顧。

八、皇史宬正殿和东西配殿均撥交乙方接管。外院房屋除留兩間为乙方办公使用外，其餘暂歸甲方作为職工宿舍，一俟档案館職工原用宿舍交还甲方後，（在一九五六年內交还）該处外院及所有房屋也一併由甲方騰讓撥交乙方接管。

签定协議書者　故宮博物院負責人
　　　　　　　國家檔案局負責人

一九五五年十二月二十六日

1955 年《故宫博物院档案馆移交国家档案局接管的协议书》

1955 年故宫博物院档案馆移交国家档案局纪念留影

1960 年明清档案部全体人员在中央档案馆楼前合影

1960 年明清档案部部分人员参观故宫

1969 年 11 月底，明清档案部 15 人告别中央档案馆调往故宫博物院

1970 年明清档案组部分职工在江西“五七干校”合影

1978 年明清档案部部分工作人员在西华门办公大楼前合影

故宫西华门内明清档案办公楼外景

# 二、扩藏立规建全宗

苏联移交的档案

20世纪50—70年代，馆藏规模得到极大丰富，档案家底基本确立。档案馆总结以往工作经验，推行全宗立档及分类立卷原则，取得了从搭建全宗架构到基本形成案卷级目录的重要工作进展。

## 1. 汇集明清档案

自 1950 年起，故宫博物院文献馆分批运回南迁档案，同时多方征集、接收各地所藏明清中央机关档案，并将故宫博物院院内清理的档案资料集中保管，馆藏得到进一步丰富。

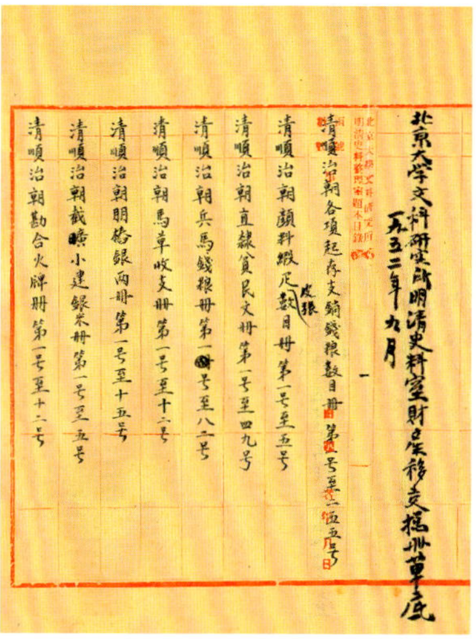

北京大学文科研究所明清史料室財產移交總冊草底
一九五二年九月

清順治朝各項起存支銷錢糧數目冊第[illegible]号至[illegible]号
清順治朝顏料緞疋數目冊第一号至五号
清順治朝直隸貧民文冊第一号至四九号
清順治朝兵馬錢粮冊第一号至八二号
清順治朝馬草收支冊第一号至十二号
清順治朝明餉銀兩冊第一号至十五号
清順治朝截曠小建銀米冊第一号至五号
清順治朝勘合火牌冊第一号至十二号

1952 年《北京大学文科研究所明清史料室财产移交总册草底》

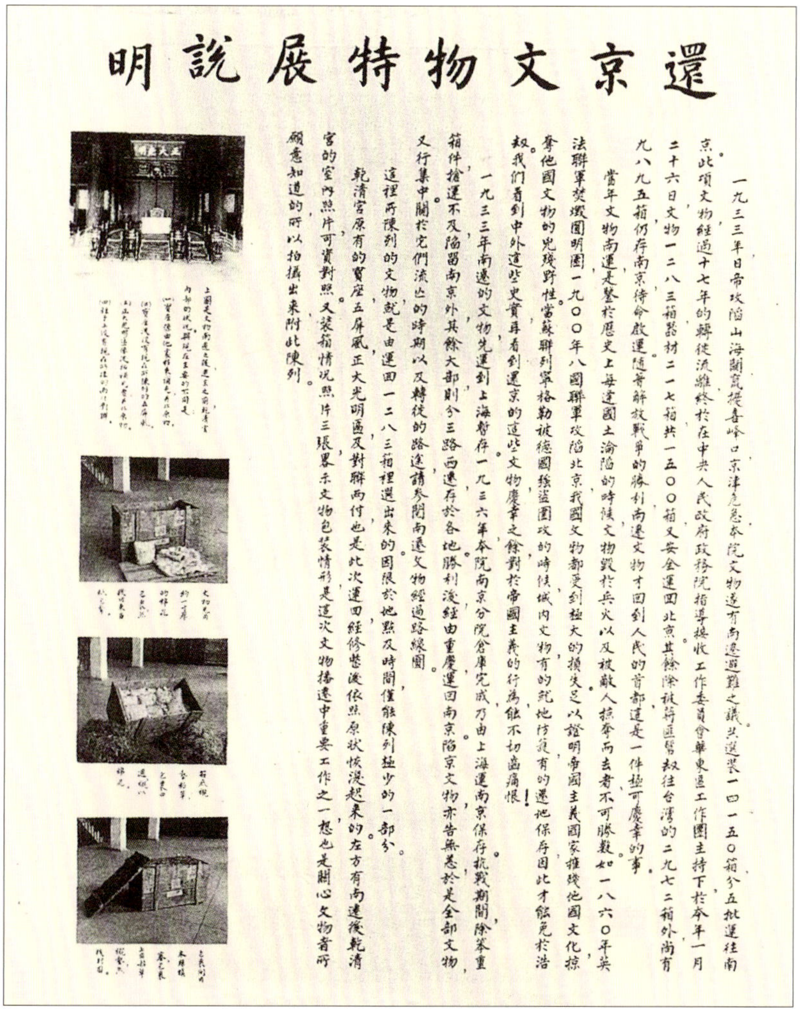

還京文物特展說明

一九三三年日帝攻陷山海關窺提喜峰口京津危急本院文物遂有南遷避難之議，共選裝一四一五〇箱分五批運往南京。此項文物經過十七年的轉徙流離終於在中央人民政府政務院指導接收工作委員會華東區工作團主持下於本年一月二十六日文物一二八三箱器材二一七箱共一五〇〇箱又安全運回北京。其餘除被蔣匪劫往台灣的二九七二箱外尚有九八九五箱仍存南京待命啟運。隨著解放戰爭的勝利南遷文物才回到人民的首都，這是一件極可慶幸的事。

當年文物南遷是鑒於歷史上每逢國土淪陷的時候，文物毀於兵火以及被敵人掠奪而去者不可勝數。如一八六〇年英法聯軍焚燬圓明園，一九〇〇年八國聯軍攻陷北京，我國文物都受到極大的損失。足以證明帝國主義國家摧殘他國文化，掠奪他國文物的兇殘野性。當蘇聯列寧格勒被德國強盜圍攻的時候，城內文物有的就地防護，有的遷地保存，因此才能免於浩劫。我們看到中外這些史實，再看到還京的這些文物，慶幸之餘，對於帝國主義的行為能不切齒痛恨！

一九三三年南遷的文物先運到上海暫存，一九三六年本院南京分院倉庫完成，乃由上海運南京保存。抗戰期間，除笨重箱件搶運不及陷留南京外，其餘大部則分三路西遷存於各地。勝利後經由重慶運回南京，陷京文物亦告無恙，於是全部文物又行集中。關於它們流亡的時期以及轉徙的路途，請參閱南遷文物經過路線圖。

這裡所陳列的文物就是由運回一二八三箱裡選出來的，因限於地點及時間，僅能陳列極少的一部分。

乾清宮原有的寶座五屏風正大光明匾及對聯兩付，也是此次運回經修整後依照原狀恢復起來的，左方有南遷後乾清宮的室內照片可資對照。又裝箱情況照片三張，畧示文物包裝情形，是這次文物播遷中重要工作之一，想也是關心文物者所願意知道的，所以拍攝出來附此陳列。

1950 年还京文物特展说明

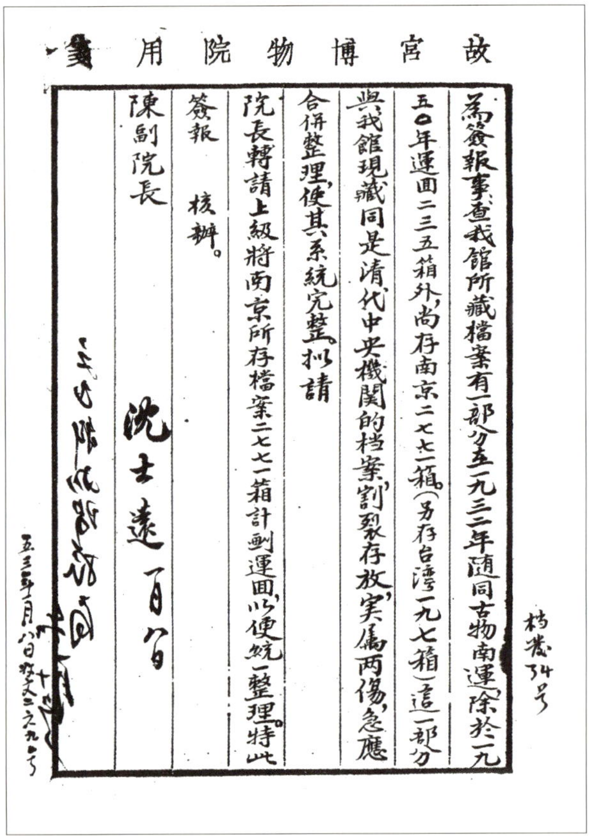

故宮博物院用箋

爲簽報事查我館所藏檔案有一部分於一九三二年隨同古物南運除於一九五〇年運回二三五箱外尚存南京二七七箱(另存台灣一九七箱)這一部分與我館現藏同是清代中央機關的档案割裂存放實屬兩傷急應合併整理使其系統完整擬請

院長轉請上級將南京所存檔案二七七箱計劃運回以便統一整理特此

簽報　核辦。

陳副院長

沈士遠　月　日

1953 年故宫博物院档案馆运回南迁档案的来往文书

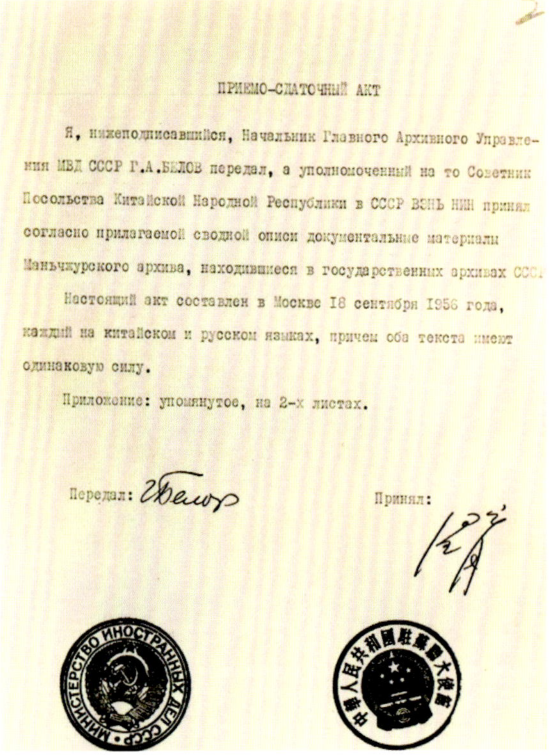

ПРИЕМО-СДАТОЧНЫЙ АКТ

Я, нижеподписавшийся, Начальник Главного Архивного Управления МВД СССР Г.А.БЕЛОВ передал, а уполномоченный на то Советник Посольства Китайской Народной Республики в СССР ВЭНЬ НИН принял согласно прилагаемой сводной описи документальные материалы Маньчжурского архива, находившиеся в государственных архивах СССР.

Настоящий акт составлен в Москве 18 сентября 1956 года, каждый на китайском и русском языках, причем оба текста имеют одинаковую силу.

Приложение: упомянутое, на 2-х листах.

Передал:　　　Принял:

МИНИСТЕРСТВО ИНОСТРАННЫХ ДЕЛ СССР

中华人民共和国驻苏联大使馆

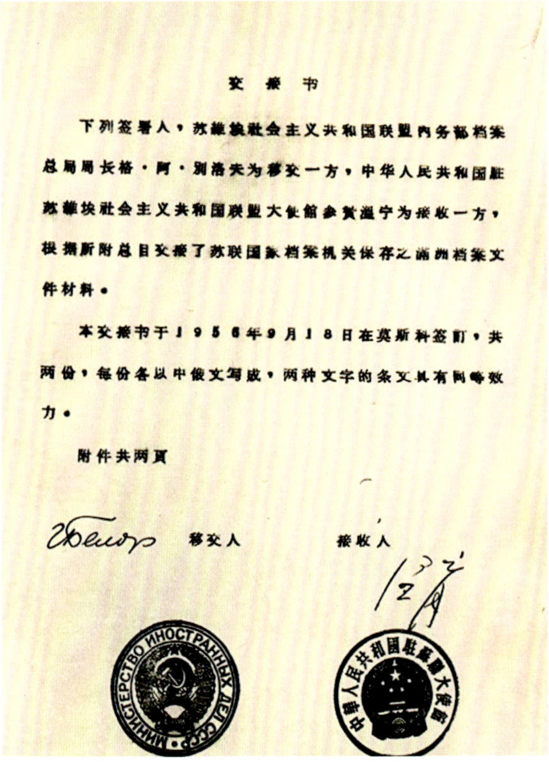

交接书

下列签署人，苏维埃社会主义共和国联盟内务部档案总局局长格·阿·别洛夫为移交一方，中华人民共和国驻苏维埃社会主义共和国联盟大使馆参赞温宁为接收一方，根据所附总目交接了苏联国家档案机关保存之满洲档案文件材料。

本交接书于1956年9月18日在莫斯科签订，共两份，每份各以中俄文写成，两种文字的条文具有同等效力。

附件共两页

移交人　　　接收人

МИНИСТЕРСТВО ИНОСТРАННЫХ ДЕЛ СССР

中华人民共和国驻苏联大使馆

1956 年苏联将清代黑龙江和吉林各衙门档案移交中国的协议

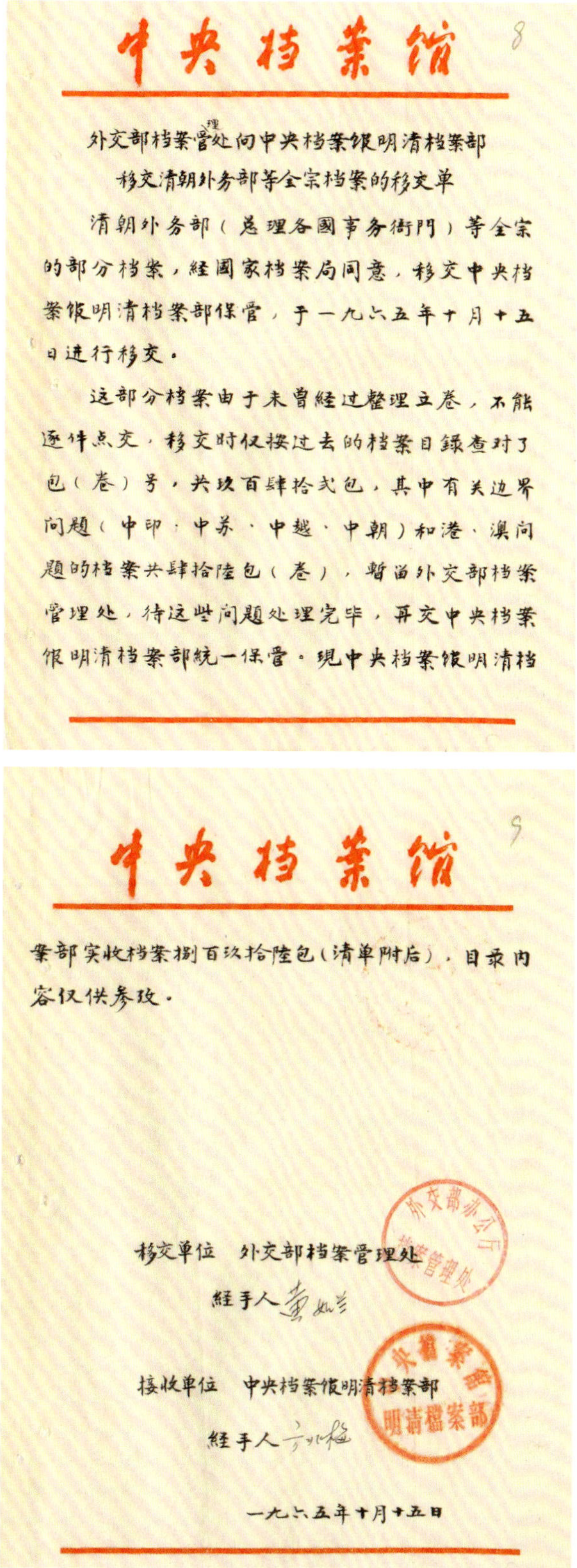

中央档案馆

外交部档案管理处向中央档案馆明清档案部
移交清朝外务部等全宗档案的移交单

清朝外务部（总理各國事务衙門）等全宗的部分档案，經國家档案局同意，移交中央档案馆明清档案部保管，于一九六五年十月十五日进行移交。

这部分档案由于未曾經过整理立卷，不能逐件点交，移交时仅按过去的档案目錄查对了包（卷）号，共玖百肆拾弍包，其中有关边界问題（中印、中苏、中越、中朝）和港、澳问题的档案共肆拾陸包（卷），暂留外交部档案管理处，待这些问题处理完毕，再交中央档案馆明清档案部統一保管。現中央档案馆明清档

中央档案馆

案部实收档案捌百玖拾陸包（清单附后），目录内容仅供参考。

移交单位　外交部档案管理处
經手人　[signature]

接收单位　中央档案馆明清档案部
經手人　[signature]

一九六五年十月十五日

1965 年外交部档案管理处向中央档案馆明清档案部移交清朝外务部等全宗档案的移交单

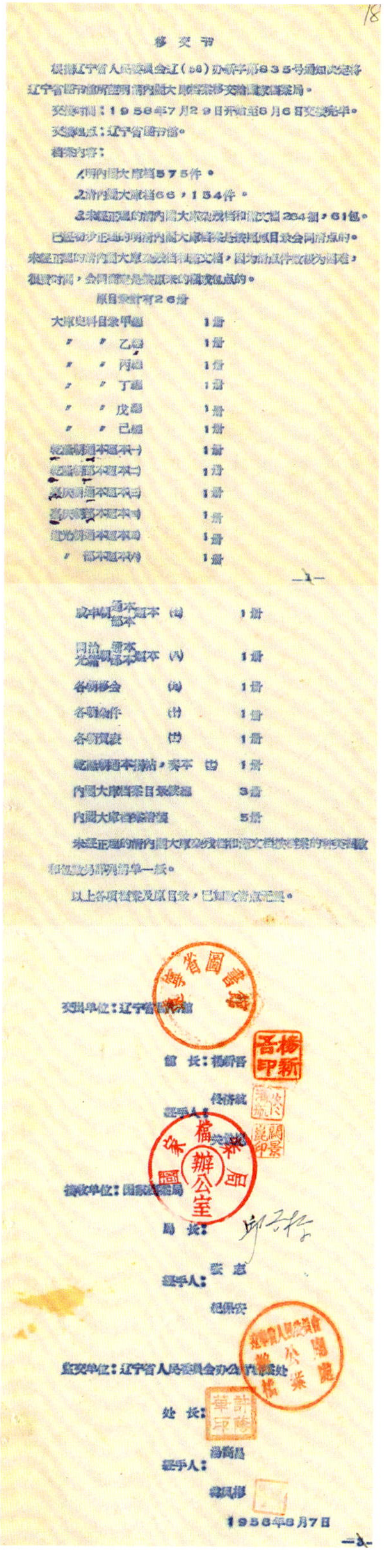

移交书

根据辽宁省人民委员会辽（58）办[illegible]字第835号通知决定将辽宁省图书馆所藏明清内阁大库档案移交给国家档案局。

交接时间：1958年7月29日开始至8月6日交接完毕。

交接地点：辽宁省图书馆。

档案内容：

1.明内阁大库档575件。

2.清内阁大库档66，154件。

3.未经正理的清内阁大库残档和[illegible]文档264捆，61包。

已经初步正理的明清内阁大库档案是按照原目录会同清点的。未经正理的清内阁大库残档和[illegible]文档，因为清点件数极为困难，很费时间，会同商定是按原来的捆数包点的。

原目录计有26册

| | |
|---|---|
| 大库史料目录甲编 | 1册 |
| 〃 〃 乙编 | 1册 |
| 〃 〃 丙编 | 1册 |
| 〃 〃 丁编 | 1册 |
| 〃 〃 戊编 | 1册 |
| 〃 〃 己编 | 1册 |
| 乾隆朝通本题本（一） | 1册 |
| 乾隆朝部本题本（二） | 1册 |
| 嘉庆朝通本题本（三） | 1册 |
| 嘉庆朝部本题本（四） | 1册 |
| 道光朝通本题本（五） | 1册 |
| 〃 部本题本（六） | 1册 |

—1—

| | |
|---|---|
| 咸丰朝通本部本题本（七） | 1册 |
| 同治光绪朝通本部本题本（八） | 1册 |
| 各朝移会（九） | 1册 |
| 各朝[illegible]件（十） | 1册 |
| 各朝[illegible]表（十一） | 1册 |
| 乾隆朝通本揭帖，奏本（十二） | 1册 |
| 内阁大库档案目录续编 | 3册 |
| 内阁大库[illegible] | 5册 |

未经正理的清内阁大库残档和[illegible]文档按捆的[illegible]数和包数另附清单一纸。

以上各项档案及原目录，已如数清点无误。

交出单位：辽宁省图书馆
馆长：杨新吾
任济航
经手人：
关[illegible]

接收单位：国家档案局
局长：[signature]
张志
经手人：
纪保安

监交单位：辽宁省人民委员会办公厅档案处
处长：
冯尚昌?
经手人：
[illegible]

1958年8月7日

—3—

1958 年辽宁省图书馆将所藏明清内阁大库档案移交国家档案馆的移交书

## 2. 建立全宗体系

自20世纪50年代起，明清档案人结合档案学理论，参照苏联档案管理模式，确立了档案管理的原则、方法、体系以及保管和检索方式。馆藏档案达到有规可循、有目可查。

20世纪50年代工作人员搬运档案

20世纪50年代工作人员搬运档案

1958年明清档案整理工作照

20世纪50年代档案保管员从库房提调档案

1959年工作人员将城里搬至西郊中央档案馆的档案整理上架

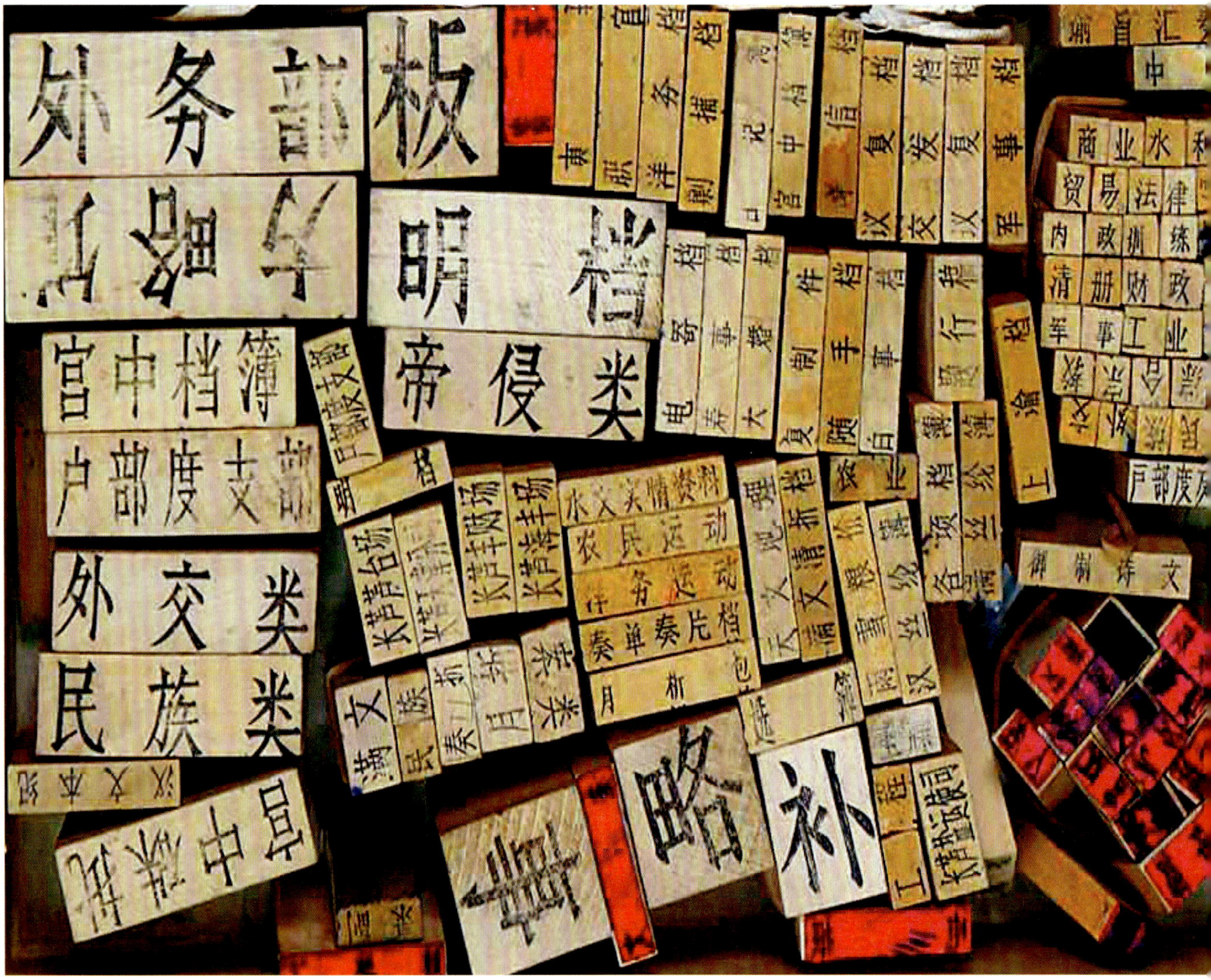


档案整理工作中使用的印章

1958 年 3 月，第一历史档案馆组织千余人清理端门楼所存档案。此为“苦战 100 天，清整 1700”口号下的档案整理工作。

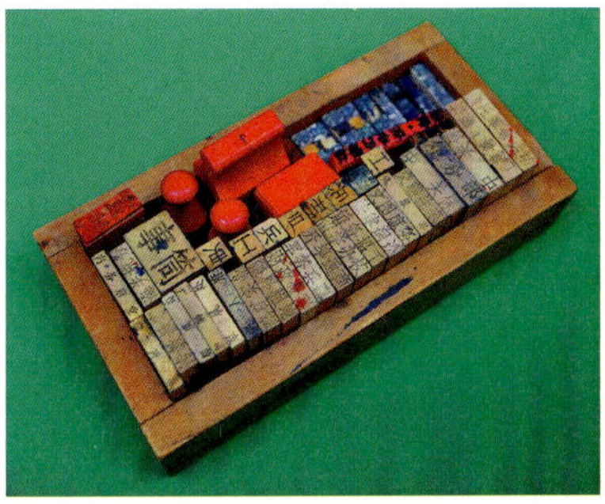

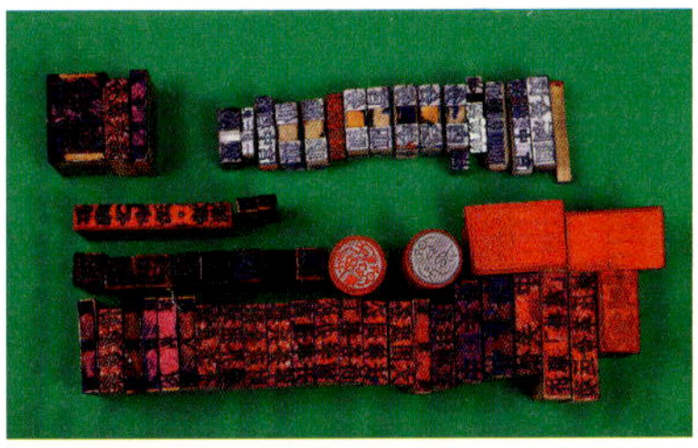

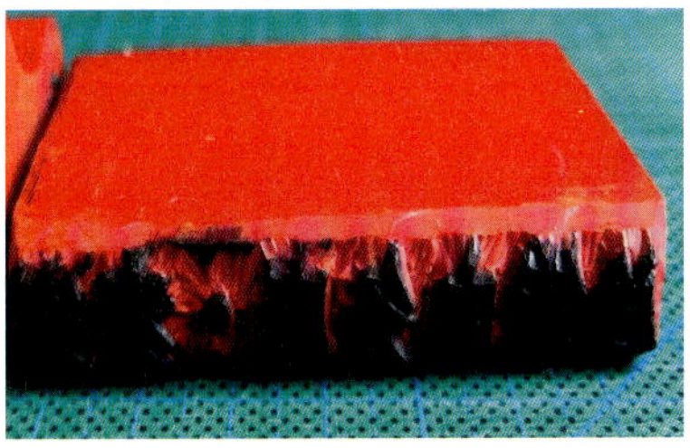

档案整理工作中使用的印章

修复档案工作照

档案库房

档案目录

档案库房

# 三、开拓编纂与利用

这一时期，档案编研工作逐步走上正轨。选题范围日渐扩大，出版形式趋于多样，档案编辑工作焕发出新的生命力。与此同时，加大档案参观与查阅的开放力度，满足社会各界对明清档案的利用需求。

1964年历史研究所、中央档案馆联合编辑清史史料工作组留念

### 1. 编纂档案史料

《辛亥革命》《洋务运动》《第二次鸦片战争》等一批专题档案的出版，为学界研究者提供大量珍贵资料，扩大了社会影响，并在档案馆内营造出浓厚的学术氛围，促进了业务人员学术水准的提升。

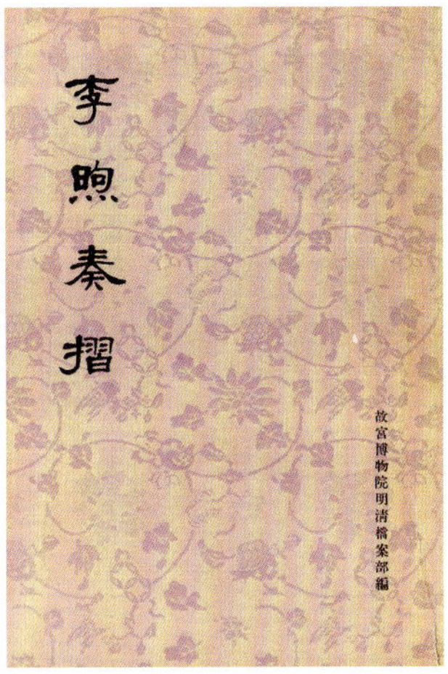


《李煦奏折》，1976 年中华书局出版

工作人员在编辑档案史料

《洋务运动》全书共 8 册，1961 年上海人民出版社出版

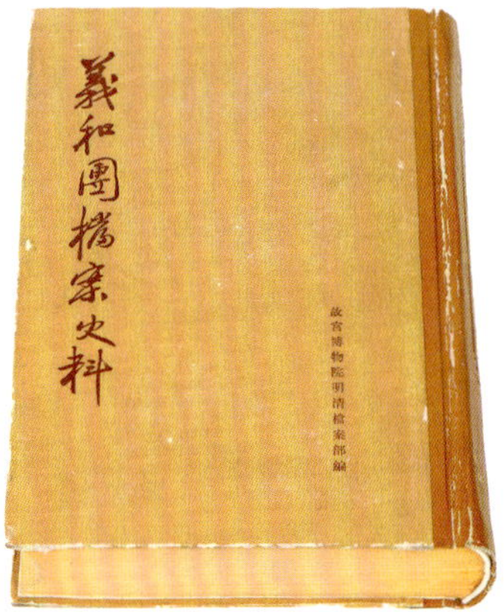


《义和团档案史料》全书共 2 册，1959 年中华书局出版

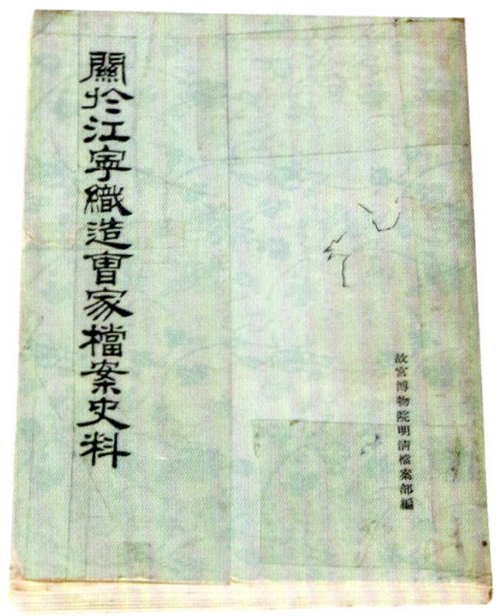


《关于江宁织造曹家档案史料》，1975 年中华书局出版

《清代档案史料丛编》全书共 14 辑，1978—1990 年中华书局出版

《辛亥革命》全书共 8 册，1957 年上海人民出版社出版

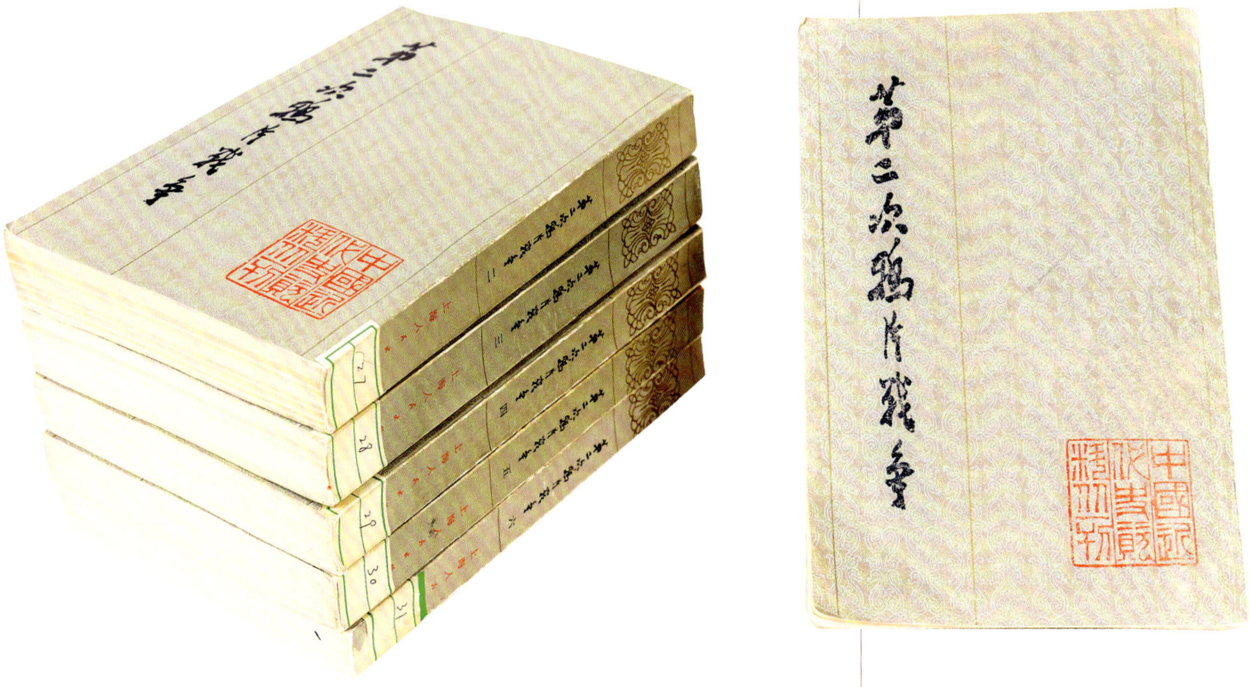

《第二次鸦片战争》全书共 6 册，1978—1979 年上海人民出版社出版

## 2. 开展社会利用

为推进明清档案的社会利用，档案馆一方面加快整理编目，完善检索信息，扩大可供利用的档案范围；另一方面，主动筹办展览，拓宽档案利用形式，积极发挥明清档案的史料参考和社会教育作用。

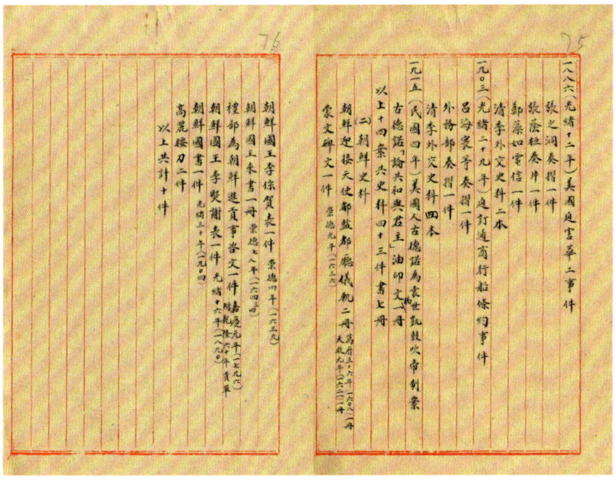
一八八六（光緒十二年）美國虐害華工事件
張之洞奏摺一件
張蔭桓奏片一件
鄭藻如電信一件
清季外交史料二本
一九〇三（光緒二十九年）更訂通商行船條約事件
呂海寰等奏摺一件
外務部奏摺一件
清季外交史料四本
一九一五（民國四年）美國人古德諾為袁世凱鼓吹帝制案
古德諾「論共和與君主」油印文一冊
以上十四案共史料四十三件書七冊
（二）朝鮮史料
朝鮮迎接天使都監都廳儀軌二冊 萬曆三十六年（一六〇八）一冊 天啟元年（一六二一）一冊
蒙文碑文一件 崇德元年（一六三六）
朝鮮國王李倧賀表一件 崇德四年（一六三九）
朝鮮國王來書一冊 崇德七八年（一六四二—四三）
禮部為朝鮮進貢事咨文一件 嘉慶元年（一七九六）附乾隆六十年貢單
朝鮮國王李熙謝表一件 光緒十六年（一八九〇）
朝鮮國書一件 光緒三十年（一九〇四）
高麗腰刀二件
以上共計十件

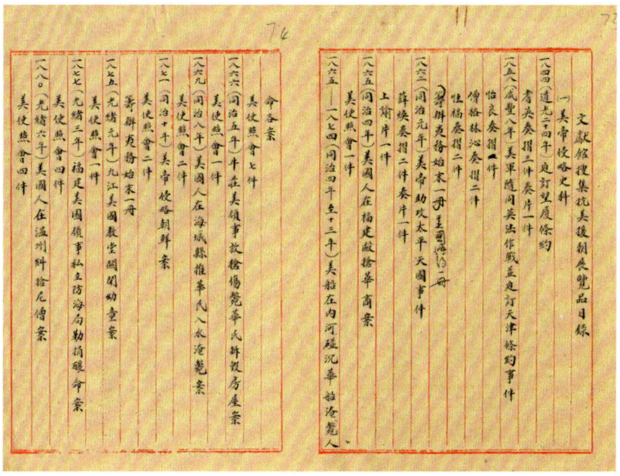
文獻館搜集抗美援朝展覽品目録
（一）美帝侵略史料
一八四四（道光二十四年）更訂望廈條約
耆英奏摺三件奏片一件
一八五八（咸豐八年）美軍隨同英法作戰並更訂天津條約事件
怡良奏摺一件
僧格林沁奏摺二件
恒福奏摺二件
籌辦夷務始末一冊
一八六二（同治元年）美帝助攻太平天國事件
薛煥奏摺二件奏片一件
上諭片一件
一八六五（同治四年）美國人在福建毆捻華商案
美使照會一件
一八六五——一八七四（同治四年至十三年）美船在內河碰沉華船淹斃人命各案
美使照會七件
一八六六（同治五年）牛莊美領事放槍傷斃華民拆毀房屋案
美使照會一件
一八六九（同治八年）美國人在海城縣推華民入水淹斃案
美使照會二件
一八七一（同治十年）美帝侵略朝鮮案
美使照會二件
籌辦夷務始末一冊
一八七五（光緒元年）九江美國教堂[illegible]幼童案
美使照會一件
一八七七（光緒三年）福建美國領事私立防海局勒捐殺命案
美使照會四件
一八八〇（光緒六年）美國人在溫州[illegible]案
美使照會四件

1951 年《文献馆搜集抗美援朝展览品目录》

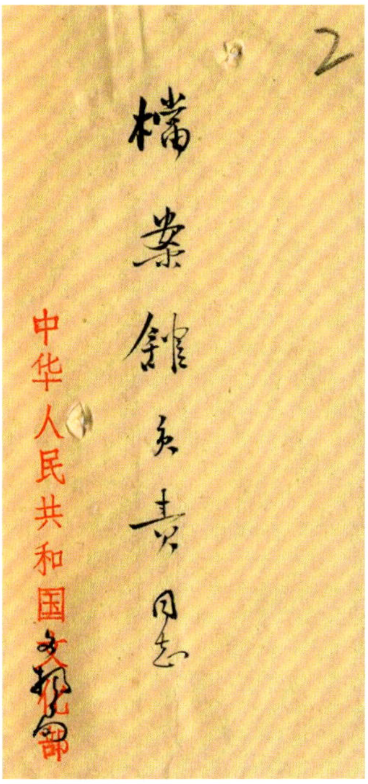
檔案館負責同志
中华人民共和国文化部

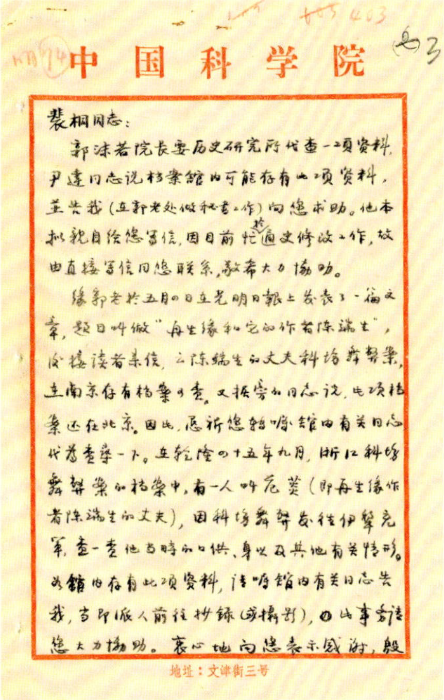
中国科学院

裴桐同志：

郭沫若院长要历史研究所代查一项资料，尹达同志说档案馆内可能存有此项资料，并告我（在郭老处做秘书工作）向您求助。他本拟亲自给您写信，因目前忙于通史修改工作，故由我直接写信同您联系，敬希大力协助。

缘郭老于五月四日在光明日报上发表了一篇文章，题目叫做“再生缘和它的作者陈端生”，后接读者来信，云陈端生的丈夫科场舞弊案，在南京存有档案可查。又据容如同志说，此项档案还在北京。因此，恳祈您转嘱馆内有关同志代为查寻一下。在乾隆四十五年九月，浙江科场舞弊案的档案中，有一人叫范菼（即再生缘作者陈端生的丈夫），因科场舞弊发往伊犁充军。查一查他当时的口供、身世及其他有关情形。如馆内存有此项资料，请嘱馆内有关同志告我，当即派人前往抄录（或摄影），此事务请您大力协助。衷心地向您表示感谢，殷

地址：文津街三号

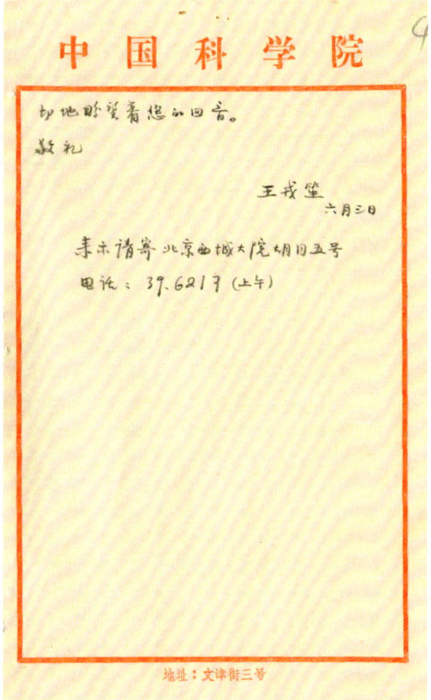
中国科学院

切地盼望着您的回音。

敬礼

王戎笙
六月三日

来示请寄北京西城大院胡同五号
电话：39.6213（上午）

地址：文津街三号

1961 年中国科学院为郭沫若查找档案的信函

十一届三中全会后，明清档案部扩大阅览室，增加阅览设施，积极改善档案利用条件。

利用者在馆内查阅档案

档案工作人员为利用者提供咨询服务

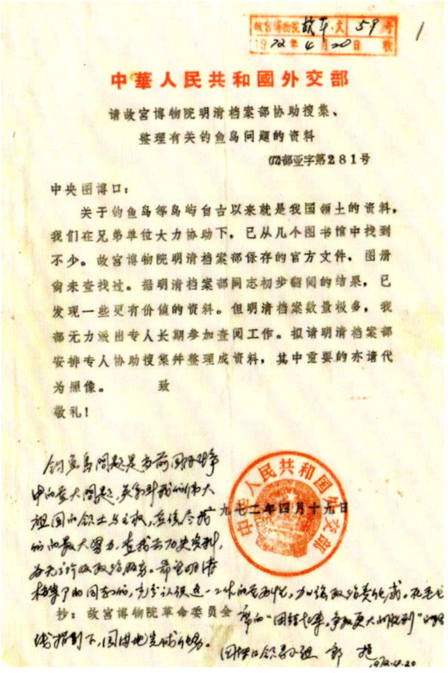

中華人民共和國外交部

请故宫博物院明清档案部协助搜集、整理有关钓鱼岛问题的资料

(72)部亚字第281号

中央图谱口：

关于钓鱼岛等岛屿自古以来就是我国领土的资料，我们在兄弟单位大力协助下，已从几个图书馆中找到不少。故宫博物院明清档案部保存的官方文件，图册尚未查找过。据明清档案部同志初步翻阅的结果，已发现一些更有价值的资料。但明清档案数量极多，我部无力派出专人长期参加查阅工作。拟请明清档案部安排专人协助搜集并整理成资料，其中重要的亦请代为照像。致

敬礼！

一九七二年四月十九日

抄：故宫博物院革命委员会

1972 年外交部请明清档案部协助搜集整理有关钓鱼岛问题资料的公函

## 四、满文人才重传承

1964年明清档案部人员在整理满文档案

清宫遗存满文档案有200余万件，是中华民族文化遗产的有机组成部分，具有重要的史学研究价值。为保证满文档案的整理与研究，在周恩来总理的关怀和指示下，1960年在中央民族学院开设满文班。1975年明清档案部举办满文干部培训班，从北京、新疆、黑龙江等地招收了21名青年学生，为满文工作的开展奠定了人才基础。

1978 年满文干部培训班毕业典礼

故宫博物院满文干部培训班
任课教师统计表

| 任课教师姓名 | 单位 | 课目 | 任课时间 |
|---|---|---|---|
| 关孝廉 | 本部满文组 | 满文语音 | 1975年10月—76年1月 |
| 屈六生 | 〃 | 满文语法及翻译 | 1976年7月—78年7月 |
| 刘景宪 | 〃 | 〃 | 1976年2月—78年2月 |
| 王树卿 | 本部整理组 | 中国通史 | 1976年6月—77年5月 |
| | | 明清史 | 1977年6月—77年12月 |
| | | 中国近代史 | 1978年1月—78年3月 |
| 刘桂林 | 本部保管组 | 现代汉语 | 1975年10月—76年5月 |
| 王澹芬 | 本院业务部 | 古汉语 | 1977年7月—77年12月 |
| 汤春沂 | 院党委办公室 | 社会发展史 | 1975年10月—75年12月 |
| 陈乃昌 | 〃 | 党内路线斗争史 | 1976年1月—76年4月 |
| 俞炳坤 | 本部编辑组 | 〃 | 1976年4月—76年5月 |
| 叶志如 | 本部保管组 | 〃 | 1976年5月—76年7月 |
| 朱先华 | 本部整理组 | 〃 | 1976年7月—76年8月 |
| 韩锥虎 | 本部 | 〃 | 1976年9月—76年10月 |
| 张书才 | 本部编辑组 | 〃 | 1976年10月—76年11月 |
| 沈洪堂 | 本部 | 〃 | 1976年11月—76年12月 |
| 赵展 | 中央民族学院 | 清史专题课 | 1977年8月 |
| 袁琛波 | 承德市文物局 | 〃 | 〃 |
| 马汝珩 | 北师大清史组 | 〃 | 1977年10月 |
| 李华 | 〃 | 〃 | 1977年11月—77年12月 |

12

| 任课教师姓名 | 单位 | 课目 | 任课时间 |
|---|---|---|---|
| 张晋藩 | 北师大清史组 | 清史专题课 | 1977年12月 |
| 宋秀元 | 本部编辑组 | 〃 | 1978年1月 |
| 刘子扬 | 本部整理组 | 〃 | 〃 |
| 秦国经 | 〃 | 〃 | 1978年2月 |
| 冯乐云 | 本院业务部 | 档案保管技术 | 1978年3月 |
| 李鹏年 | 本部 | 档案的整理与编目 | 〃 |
| 陈宏天 | 北京大学中文系 | 文史工具书 | 1977年10月 |
| | | | |
| | | | |

13

满文干部培训班任课教师统计表

出的

1978年满文干部培训班毕业典礼

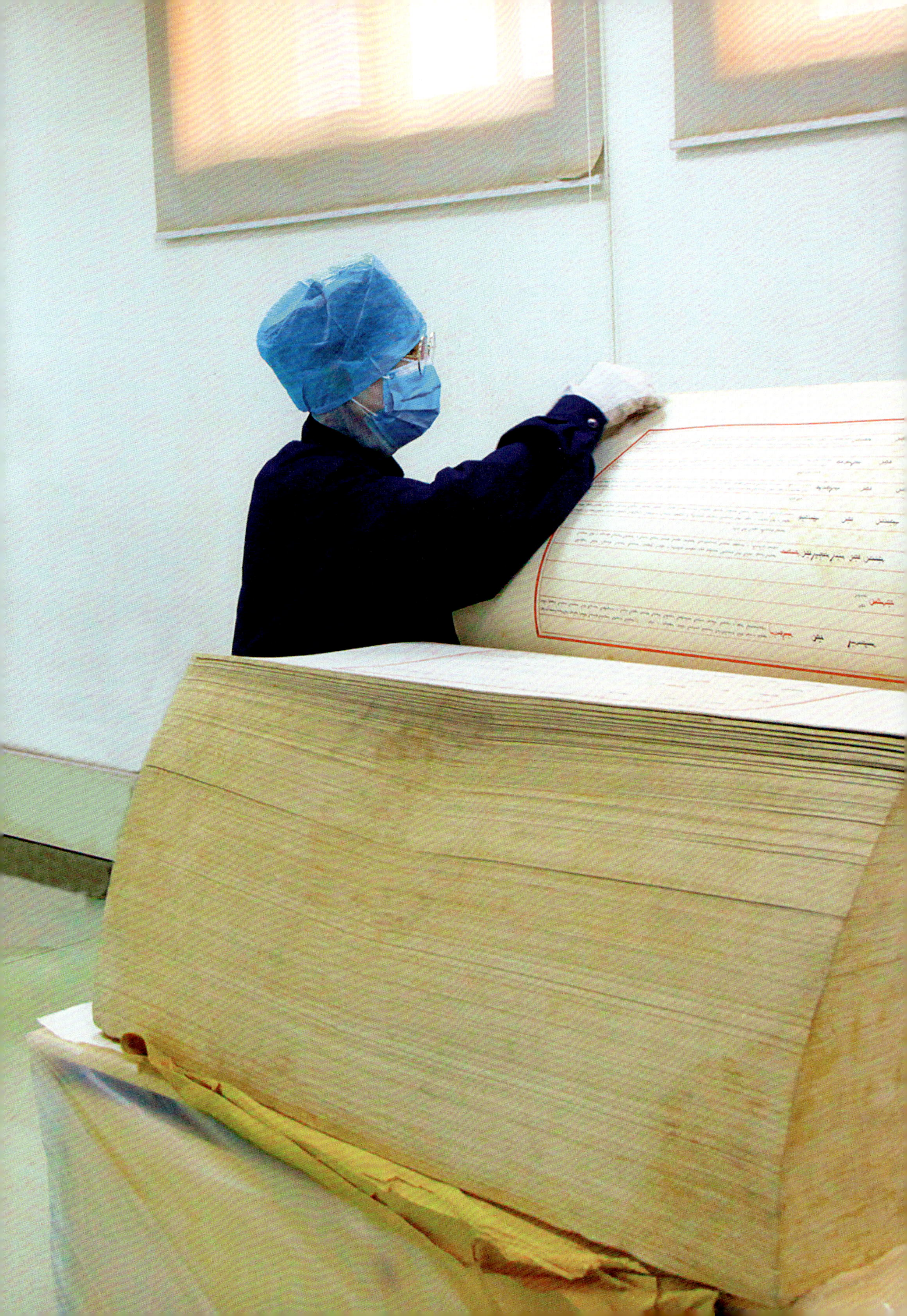

第四单元

# 时代辉煌：明清档案事业的全面发展

【1980—2020】

改革开放之后，党和政府对档案工作高度重视。在党中央、国务院开放历史档案的方针指导下，中国第一历史档案馆紧跟时代脚步，探索明清档案服务国家和社会的新途径，妥善处理基础与发展、保护与利用的关系，开展大规模的档案整理和数字化工作，发挥明清档案资源特有的社会价值，大力推动国际间学术交流合作，促进明清档案事业实现跨越式发展。

# 一、正式冠名开新篇

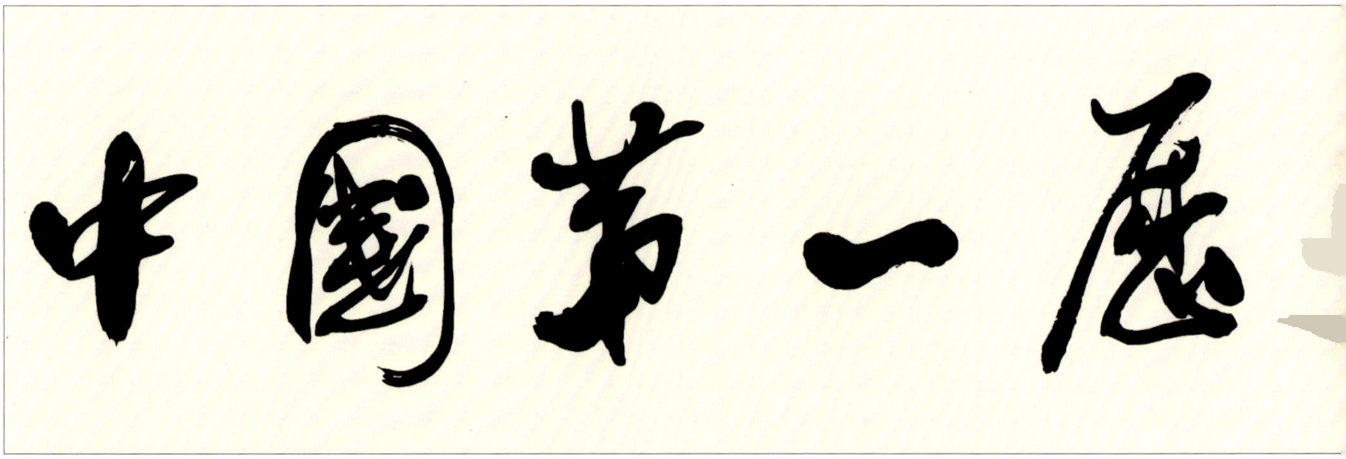


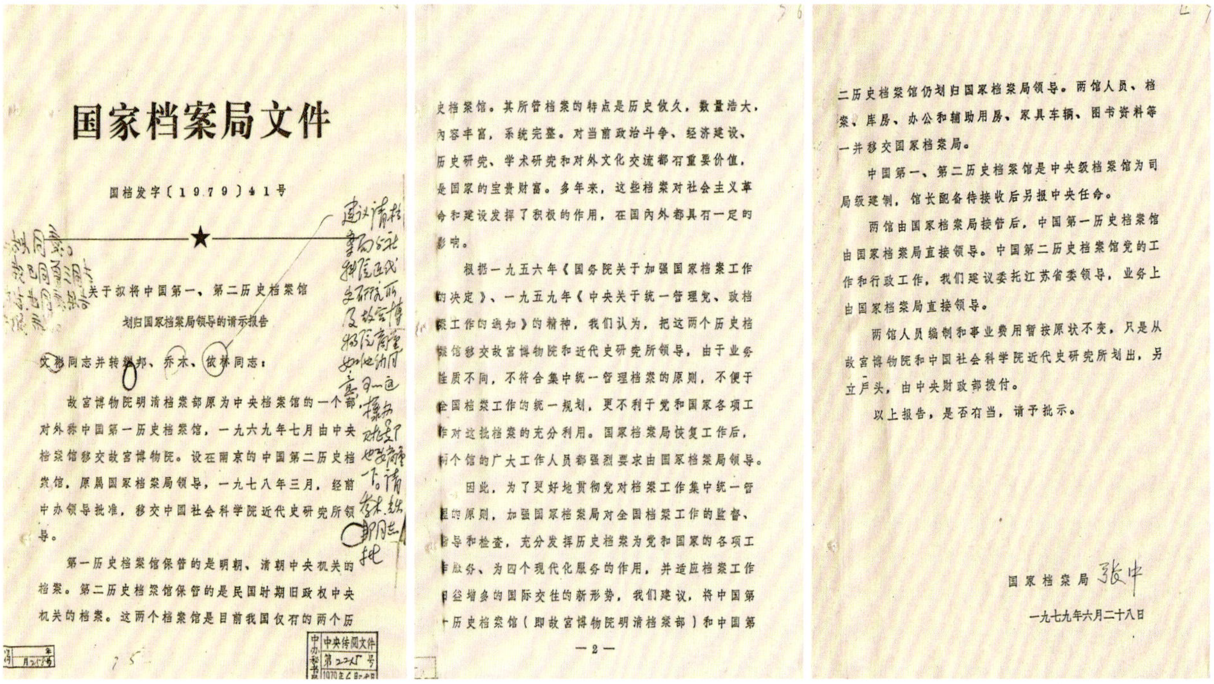

国家档案局文件

国档发字〔1979〕41号

关于拟将中国第一、第二历史档案馆
划归国家档案局领导的请示报告

文彬同志并转耀邦、乔木、依林同志：

故宫博物院明清档案部原为中央档案馆的一个部，对外称中国第一历史档案馆，一九六九年七月由中央档案馆移交故宫博物院。设在南京的中国第二历史档案馆，原属国家档案局领导，一九七八年三月，经前中办领导批准，移交中国社会科学院近代史研究所领导。

第一历史档案馆保管的是明朝、清朝中央机关的档案。第二历史档案馆保管的是民国时期旧政权中央机关的档案。这两个档案馆是目前我国仅有的两个历史档案馆。其所管档案的特点是历史悠久，数量浩大，内容丰富，系统完整。对当前政治斗争、经济建设、历史研究、学术研究和对外文化交流都有重要价值，是国家的宝贵财富。多年来，这些档案对社会主义革命和建设发挥了积极的作用，在国内外都具有一定的影响。

根据一九五六年《国务院关于加强国家档案工作的决定》、一九五九年《中央关于统一管理党、政档案工作的通知》的精神，我们认为，把这两个历史档案馆移交故宫博物院和近代史研究所领导，由于业务性质不同，不符合集中统一管理档案的原则，不便于全国档案工作的统一规划，更不利于党和国家各项工作对这批档案的充分利用。国家档案局恢复工作后，两个馆的广大工作人员都强烈要求由国家档案局领导。

因此，为了更好地贯彻党对档案工作集中统一管理的原则，加强国家档案局对全国档案工作的监督、指导和检查，充分发挥历史档案为党和国家的各项工作服务、为四个现代化服务的作用，并适应档案工作日益增多的国际交往的新形势，我们建议，将中国第一历史档案馆（即故宫博物院明清档案部）和中国第

—2—

二历史档案馆仍划归国家档案局领导。两馆人员、档案、库房、办公和辅助用房、家具车辆、图书资料等一并移交国家档案局。

中国第一、第二历史档案馆是中央级档案馆为司局级建制，馆长配备待接收后另报中央任命。

两馆由国家档案局接管后，中国第一历史档案馆由国家档案局直接领导。中国第二历史档案馆党的工作和行政工作，我们建议委托江苏省委领导，业务上由国家档案局直接领导。

两馆人员编制和事业费用暂按原状不变，只是从故宫博物院和中国社会科学院近代史研究所划出，另立户头，由中央财政部拨付。

以上报告，是否有当，请予批示。

国家档案局 张中

一九七九年六月二十八日

中央传阅文件 第2245号

1979年胡耀邦、姚依林、胡乔木等批示同意的文件：《关于拟将中国第一历史档案馆、第二历史档案馆划归国家档案局领导的请示报告》

1980年4月，故宫博物院明清档案部及皇史宬划归中共中央办公厅，业务归国家档案局指导，正式命名为“中国第一历史档案馆”。作为中央级国家档案馆，中国第一历史档案馆的命名重组，在明清档案事业发展史上具有里程碑的意义，掀开了明清档案事业的崭新一页。

郭沫若题写的馆名

1980年国家档案局与故宫博物院为办理档案馆交接事宜举行会议

# 二、固本强基明家底

自20世纪80年代开始，为确保明清档案管理工作有序进行，馆内不断升级安全基础设施，完善档案和库房的管理制度。在案卷级整理的基础上进行文件级秩序加工整理，最终摸清家底。大力推进档案缩微及数字化工作，积极接收和征集明清档案，开创了明清档案管理工作的新局面。

玉牒库

档案密集排架

档案排架

## 1. 强化档案保管能力

中国第一历史档案馆始终把保障档案安全放在重要位置，持续加强档案安全设施建设，完善档案安全管理制度，探索和建立档案异地异质备份制度，全方位提升保管能力。

微型消防站拉练

中控室业务培训

讲解灭火器使用

库房监测用具：毛发湿度计

库房监测用具：温湿度计

库房监测用具：风速仪

## 2. 完成档案秩序整理

1987 年整理存于贞度门的档案

1997 年整理存于阁楼的档案

档案整理是明清档案管理工作的基础。1980年代，中国第一历史档案馆制定完善档案整理工作标准，在已有的档案全宗体系及案卷级整理的基础上，开始文件级整理工作，让每件档案都有固定且唯一的档号。特别是从2011年开始，借助社会力量，全面启动大规模档案整理工作，并对存于阁楼的残档进行了清理。历经数年努力，馆藏档案全部整理到件，共计1067万件。档案家底的彻底摸清，夯实了明清档案事业发展的根基。

5号阁楼整理前状况

1997年整理存于阁楼的档案

5号阁楼整理后状况

2008年档案提调清点工作

整理后的内阁题本

整理后的档案库房

2011 年满文档案整理工作场景

2019 年整理玉牒档案工作场景

2011 年整理阁楼档案

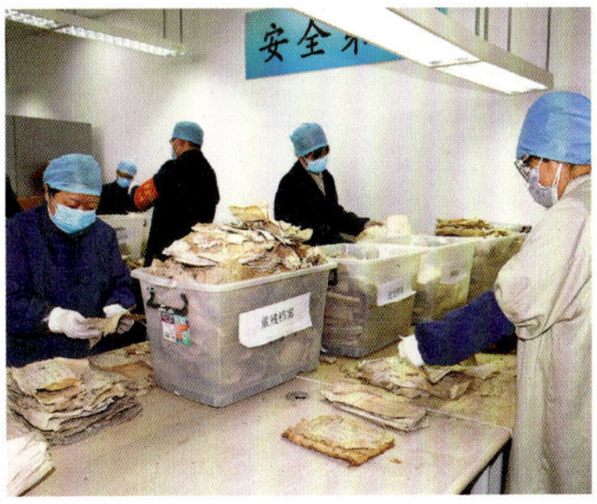

2015 年大规模档案整理工作场景

2019 年库房装具调研

2020年清点舆图工作场景

整理后的内务府满文杂件

## 3. 编制档案著录标准

为使档案检索方式由粗放的档案案卷查阅向精准的内容信息检索转变，中国第一历史档案馆自1985年设立编目组，研究档案信息的编制检索，开展档案文件级标准化著录。2015年以后，不再提调原档进行著录，开始利用档案数字化图像进行著录工作，既确保了档案原件安全，也极大地提升了著录工作的效率。截至2020年，共著录馆藏明清档案530万件。

1995年《明清档案工作标准文献汇编》

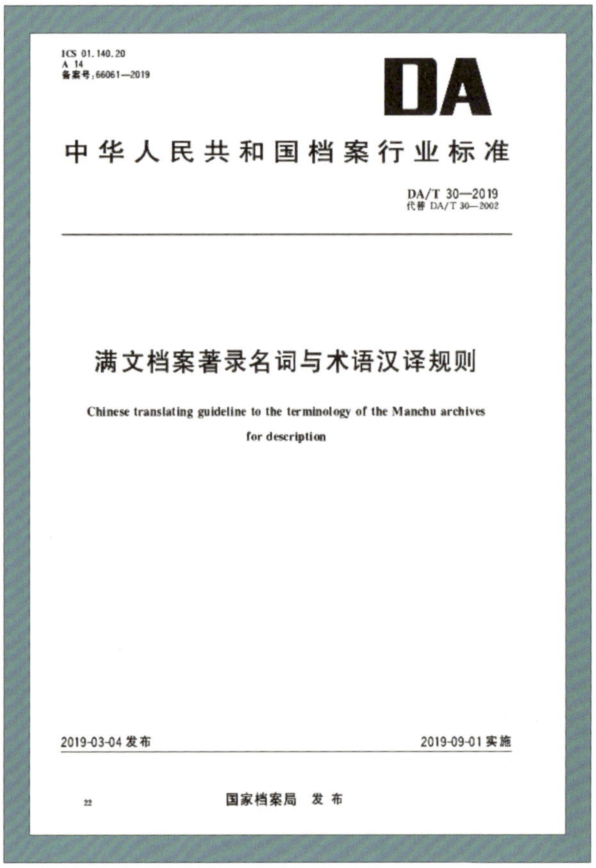
ICS 01.140.20
A 14
备案号：66061—2019

DA

中华人民共和国档案行业标准

DA/T 30—2019
代替 DA/T 30—2002

满文档案著录名词与术语汉译规则

Chinese translating guideline to the terminology of the Manchu archives for description

2019-03-04 发布　　2019-09-01 实施

国家档案局 发布

2019年《满文档案著录名词与术语汉译规则》

档案著录工作场景

## 4. 提升档案修复水平

修复档案工作场景

针对明清历史档案不同程度的自然损毁，中国第一历史档案馆购置设备仪器，配备专门人才，进行馆藏档案的日常技术保护和专业修复。经过长期业务实践和培训，档案修复技术处于国内外领先地位。

修复档案工作场景

档案修复前后对比

## 5. 推进档案缩微复制

1983年美国家谱学会与我馆合作拍摄谱牒类档案

中国第一历史档案馆采用缩微及数字技术拍摄、扫描档案，以代替原件使用。为提升缩微技术和数字化水平，积极加强国际合作，促进技术交流。截至2020年，共拍摄档案256万件，完成档案数字化833万件，实现了档案的备份存储，为档案的安全保管和科学利用奠定了坚实基础。

35/16mm 量片机

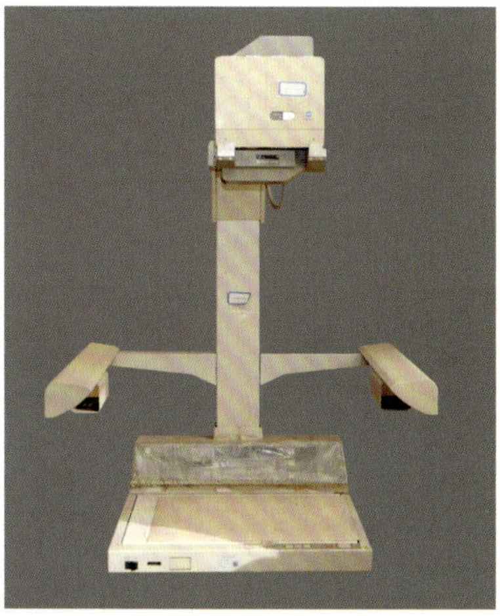

16mm 缩微拍照机

胶片阅读机

胶片盒、胶片轴（大）、胶片轴（小）、35mm 胶片、16mm 胶片

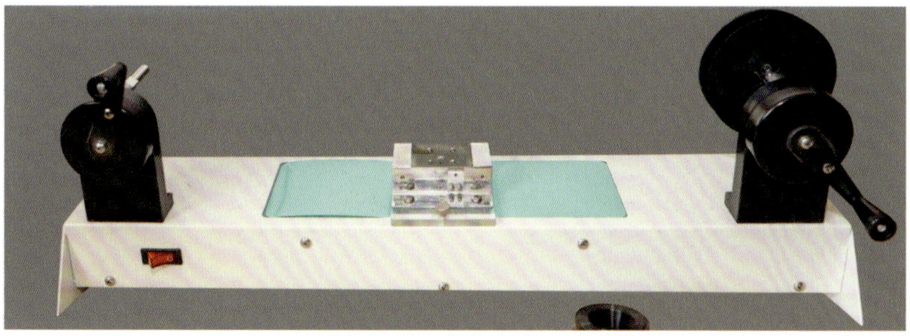

倒片台

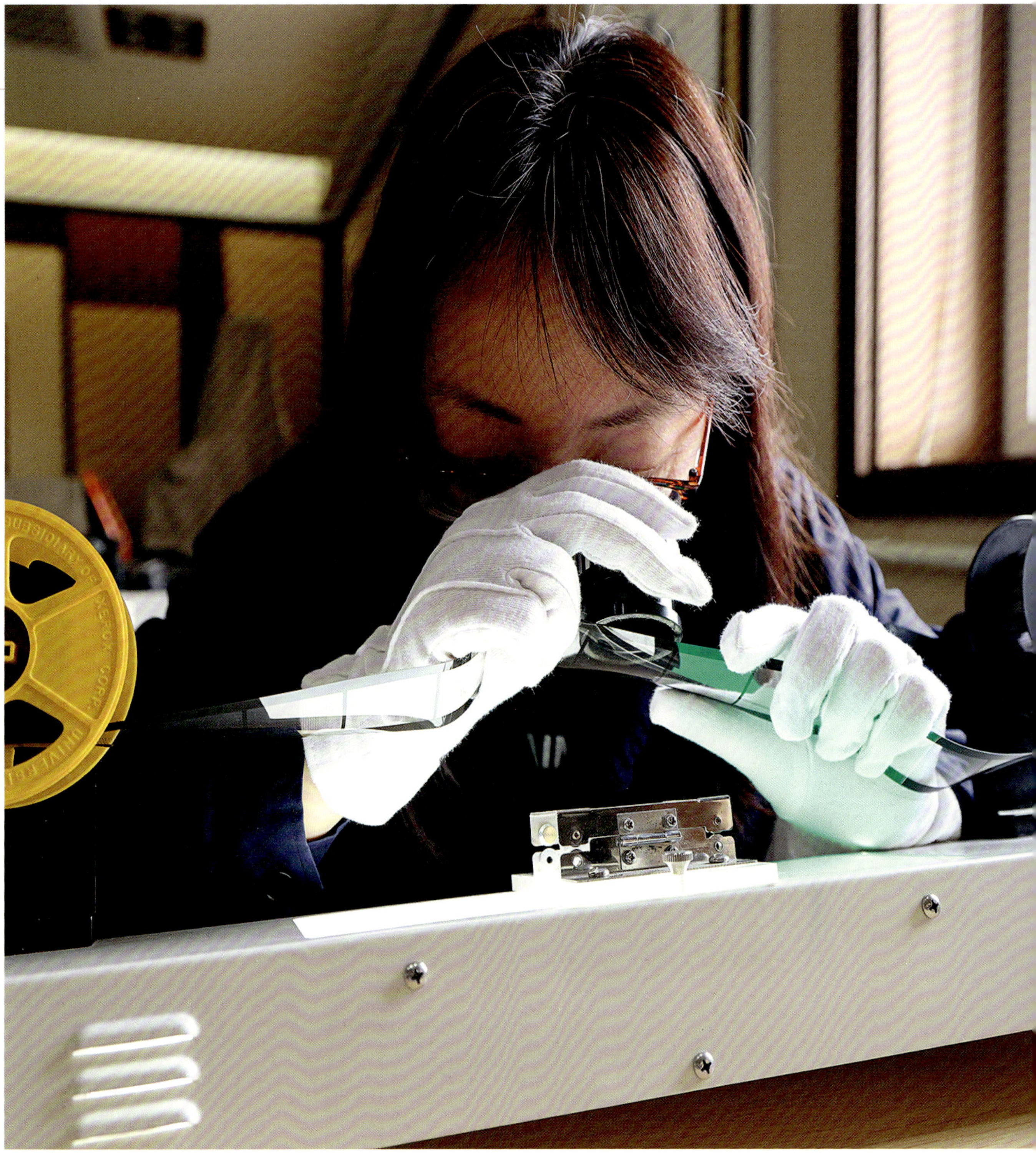


工作人员检查胶片质量

缩微胶片转数字化工作现场

档案数字化工作现场

## 6. 开展档案征集捐赠

1981 年 3 月，根据国务院批示，明清两朝中央机关档案，一律移交中国第一历史档案馆集中保管。自此，境内外档案征集工作陆续开展，并接收社会捐赠。

1987 年许恪儒女士捐赠清末军机章京许宝蘅档案

1993 年章鼎先生捐赠清史馆纂修官章钰档案

1995 年王廷钰女士捐赠近代教育家唐文治手记

2001 年日本山梨大学我部政男教授捐赠庚子事变历史照片

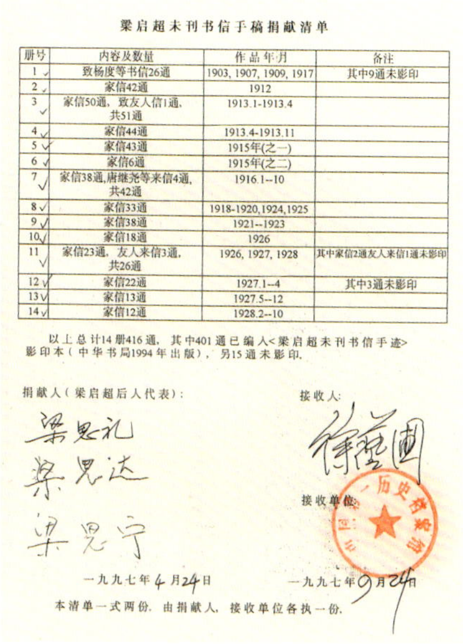

梁启超未刊书信手稿捐献清单

| 册号 | 内容及数量 | 作品年月 | 备注 |
|---|---|---|---|
| 1 √ | 致杨度等书信26通 | 1903, 1907, 1909, 1917 | 其中9通未影印 |
| 2 √ | 家信42通 | 1912 | |
| 3 √ | 家信50通，致友人信1通，共51通 | 1913.1-1913.4 | |
| 4 √ | 家信44通 | 1913.4-1913.11 | |
| 5 √ | 家信43通 | 1915年(之一) | |
| 6 √ | 家信6通 | 1915年(之二) | |
| 7 √ | 家信38通,唐继尧等来信4通,共42通 | 1916.1--10 | |
| 8 √ | 家信33通 | 1918-1920,1924,1925 | |
| 9 √ | 家信38通 | 1921--1923 | |
| 10 √ | 家信18通 | 1926 | |
| 11 √ | 家信23通，友人来信3通，共26通 | 1926, 1927, 1928 | 其中家信2通友人来信1通未影印 |
| 12 √ | 家信22通 | 1927.1--4 | 其中3通未影印 |
| 13 √ | 家信13通 | 1927.5--12 | |
| 14 √ | 家信12通 | 1928.2--10 | |

以上总计14册416通，其中401通已编入<梁启超未刊书信手迹>影印本（中华书局1994年出版），另15通未影印。

捐献人（梁启超后人代表）：

梁思礼

梁思达

梁思宁

一九九七年4月24日

接收人：

接收单位：

一九九七年9月24日

本清单一式两份，由捐献人，接收单位各执一份。

《梁启超未刊书信手稿捐献清单》(1997 年)

1997 年梁思礼先生捐赠梁启超书信手稿

**境外征集清代档案成果表**

| 时　间 | 征集来源 | 征集内容 | 征集数量 |
|---|---|---|---|
| 2014 年 | 瑞典国家档案馆 | 照会、信函 | 拍摄档案 715 画幅 |
| 2015 年 | 美国普林斯顿大学东亚图书馆<br>美国国会图书馆 | 舆图、簿册、史籍 | 复制地图 12 种，拍摄档案书影 20 余种及满文档案 71 页 |
| 2016 年 | 美国哈佛大学燕京图书馆<br>美国哥伦比亚大学东亚图书馆 | 舆图、簿册、折件、图书 | 档案复制件 24 件，舆图 3 件，拍摄档案 226 件 |
| 2019 年 | 荷兰莱顿大学东亚图书馆 | 舆图、札文、稿本 | 档案复制件 9 件 |

# 三、守档存史馈社会

1995 年国内外档案利用者在查阅档案原件

明清档案人身在故纸堆，心中有宗旨。长期以来，中国第一历史档案馆全面服务社会，积极发挥明清档案在存史资政、弘扬中华优秀传统文化等方面的独特作用。

## 1. 拓展社会利用

（1）不断完善档案利用服务方式，由提调档案原件转变为计算机查阅档案。截至2020年，在馆内档案信息化平台开放数字化档案470万件，在互联网站公布数字化档案目录407万条，极大提升了档案利用效率和便捷程度。

2020年中外利用者在馆内查阅明清电子档案

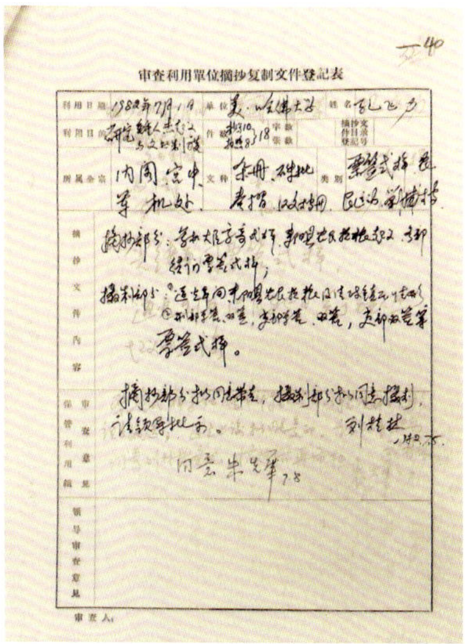

审查利用单位摘抄复制文件登记表

1982年《审查利用单位摘抄复制文件登记表》

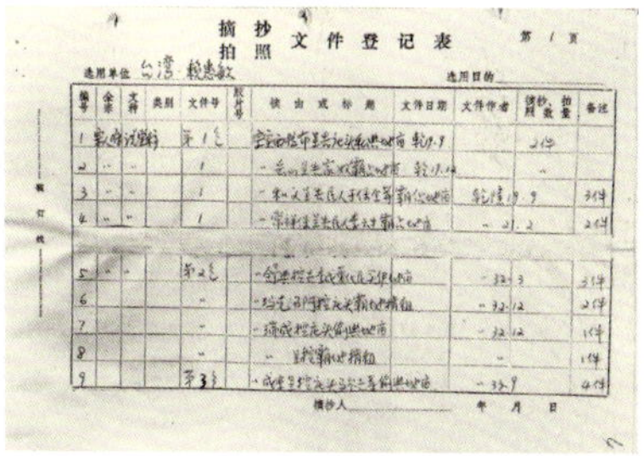

摘抄拍照文件登记表

1995年《摘抄拍照文件登记表》

（2）配合国家和社会重大活动，累计举办 130 余项档案展览，弘扬了传统文化，扩大了社会影响。

1985 年专家学者参观中国第一历史档案馆陈列室

1991 年在北京皇史宬举办“中国档案事业发展成就展览”

1991 年在皇史宬举办“纪念辛亥革命八十周年档案史料展览”

2007 年在潮州举办“明清宫廷潮州档案展览”

2017 年在旅顺举办
“功在不舍——罗振玉与明清档案展”

2018 年在广州举办
“清宫秘藏档案珍品巡展”

2019 年在福州举办“锦瑟万里 虹贯东西——丝绸之路历史档案文献展”

2010 年在澳门举办“明清澳门历史文献档案展”

2014 年在军事博物馆举办“历史不能忘记——近代以来中国人民抗击日本侵略展”

2018年“我语明清历史”活动中热心读者参观皇史宬

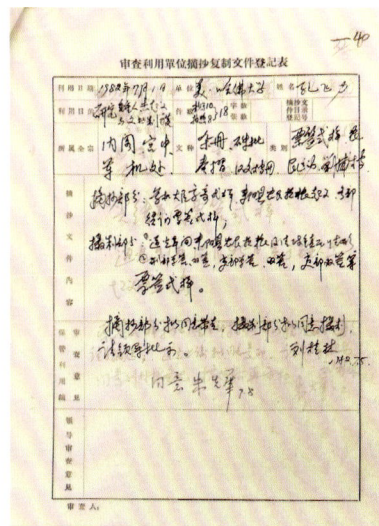

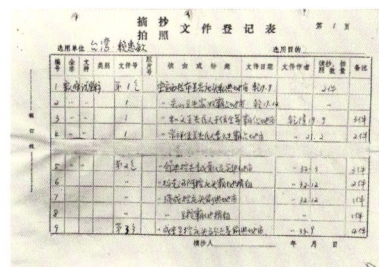

（3）2016 年，中国第一历史档案馆开通“皇史宬”微信公众号。截至 2020 年，发文 337 篇，推动明清档案文化走近大众。

2016 年 3 月开通“皇史宬”微信公众号

2020 年出版《皇史宬微信文集》

皇史宬公众号

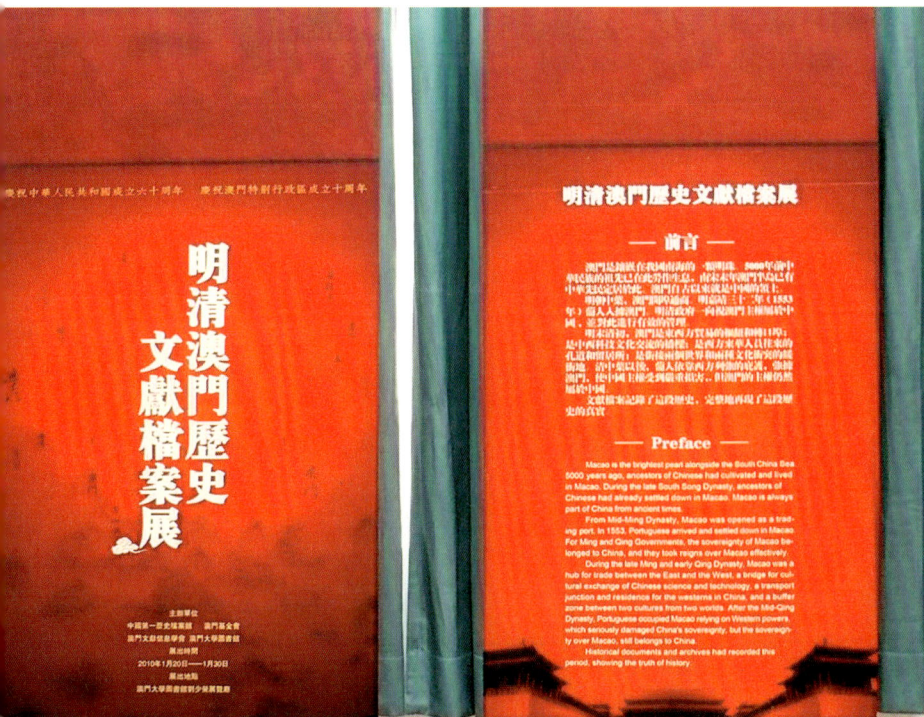

## 2. 打造核心期刊

1981 年创刊的《历史档案》（季刊），是全国独家专门公布明清档案文献、刊发明清史学论文、探讨明清档案业务的学术期刊。历经几代明清档案人的艰辛努力，该刊名列中国期刊方阵“双效期刊”、全国中文历史类核心期刊。

《历史档案》杂志

1991 年《历史档案》创办 10 周年座谈会合影

2016 年《历史档案》创办 35 周年座谈会

荣誉证书
《历史档案》：
根据2012-2013年度"复印报刊资料"学术专题刊转载数据与评审专家组综合评价，贵刊入选为"复印报刊资料"重要转载来源期刊（2014年版）。
特发此证。
获奖证书
荣誉证书
《历史档案》：
根据2014-2016年度复印报刊资料学术专题刊转载数据与同行专家综合评价，贵刊入选为"复印报刊资料重要转载来源期刊（2017年版）"。
特发此证。
国家级火炬计划项目
中国学术期刊综合评价数据库来源期刊
证　书
国家级火炬计划项目
中国人文社会科学引文数据库来源期刊
证　书
统计刊源证书
《历史档案》
全文收录证书
国家级火炬计划项目
国家重点新产品
《中国期刊网》、《中国学术期刊（光盘版）》
全文收录证书

《历史档案》获奖证书

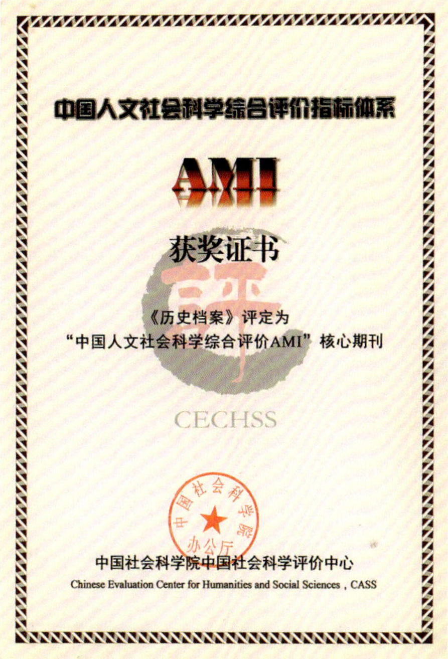
中国人文社会科学综合评价指标体系
AMI
获奖证书
《历史档案》评定为
“中国人文社会科学综合评价AMI”核心期刊
CECHSS
中国社会科学院办公厅
中国社会科学院中国社会科学评价中心
Chinese Evaluation Center for Humanities and Social Sciences，CASS

《历史档案》
荣选2015年度中文报刊
海外发行最受海外机构欢迎
TOP50
CIBTC
中国国际图书贸易集团有限公司
2015年9月

荣誉证书
《历史档案》：
根据2012-2013年度“复印报刊资料”学术专题刊转载数据与评审专家组综合评价，贵刊入选为“复印报刊资料”重要转载来源期刊（2014年版）。
特发此证。
中国人民大学人文社会科学学术成果评价研究中心
中国人民大学书报资料中心
2015年3月

《历史档案》获奖证书

## 3. 服务清史工程

盛世修史，隔代修史，是中国历史赓续绵延的传统文化。2002 年国家清史工程启动后，中国第一历史档案馆全力支持、密切配合。2003—2015 年间，清代档案的大规模整理和多层面利用，为清史纂修提供了最基本的史料保障和可靠的资源支撑。

中国第一历史档案馆为清史编修工程整理档案的专项目录

《清代中南海档案》全 30 册（2004 年）

《清代军机处电报档汇编》全 40 册（2005 年）

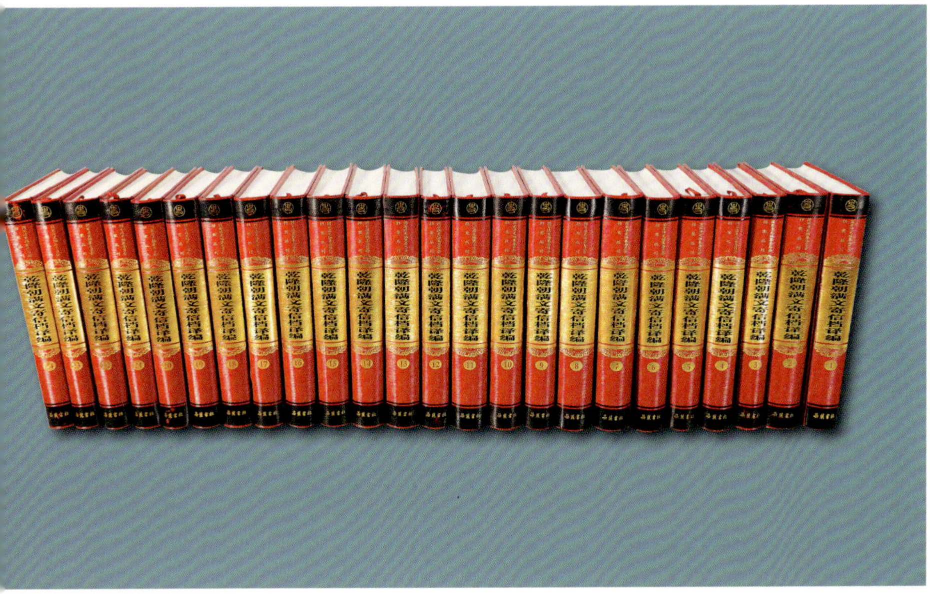


《乾隆朝满文寄信档译编》全 24 册（2011 年）

## 服务清史工程成果

（1）整理各类档案总计 300 多万件。

（2）提供可在网上直接查阅利用的数字化档案有 9 大类 180 万件。

（3）列入清史编纂委员会“档案丛刊”，先后出版专题档案 9 项 332 册。包括《庚子事变清宫档案汇编》18 册（2003 年）、《清宫热河档案》18 册（2003 年）、《清宫普宁寺档案》2 册（2003 年）、《清代中南海档案》30 册（2004 年）、《清代军机处电报档汇编》40 册（2005 年）、《清宫扬州御档》18 册（2009 年）、《清代军机处满文熬茶档》2 册（2010 年）、《乾隆朝满文寄信档译编》24 册（2011 年）、《清代军机处随手登记档》180 册（2013 年）。

（4）馆内专家承担了一批清史工程主体项目的编修撰写，包括《外国使领表》《皇子皇女表》《科场案》等。还有学者应邀担任《科举志》《图录卷》审改定稿专家。

## 4. 推进编研出版

根据党和国家进一步开放历史档案的指示精神，中国第一历史档案馆不断扩大编研选题。1980—2020年，共编辑出版档案史料184种3070册，为社会各界的学术研究和文化建设提供了巨量文献，主创的《清宫秘档》《帝国商行》等文献纪录片相继问世，扩大了明清档案的社会影响。

（1）围绕国家大事，提供国家资治的佐证。

《明清宫藏台湾档案汇编》全230册（2009年）

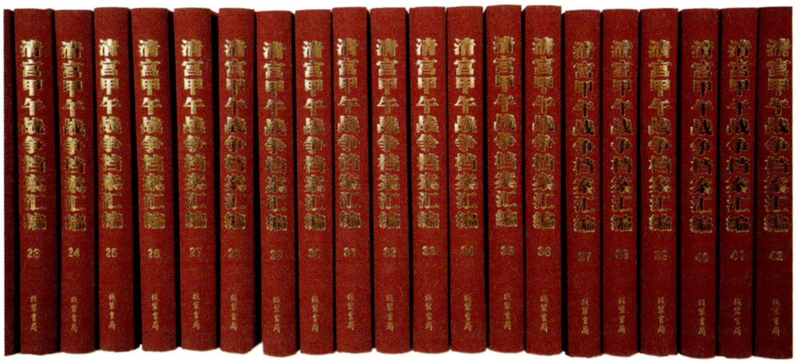


《清宫甲午战争档案汇编》全 50 册（2016 年）

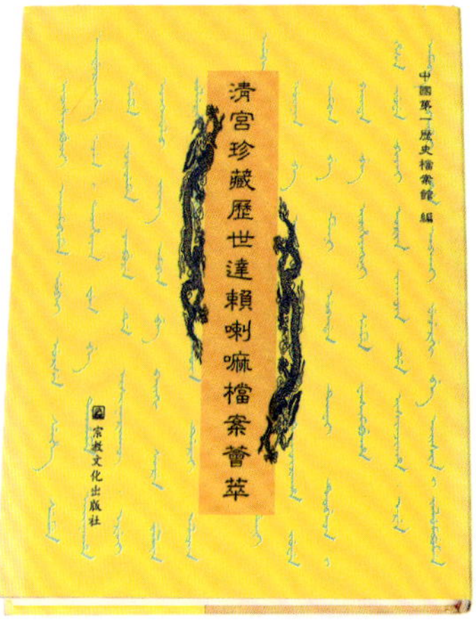


《清宫珍藏历世达赖喇嘛档案荟萃》（2002 年）

《元以来西藏地方与中央政府关系档案史料汇编》全 7 册（1994 年）

(2) 推动学术研究，成为明清史学独特的文献资源。

《雍正朝汉文朱批奏折汇编》全 40 册（1991 年）

《中国明朝档案总汇》全 101 册（2001 年）

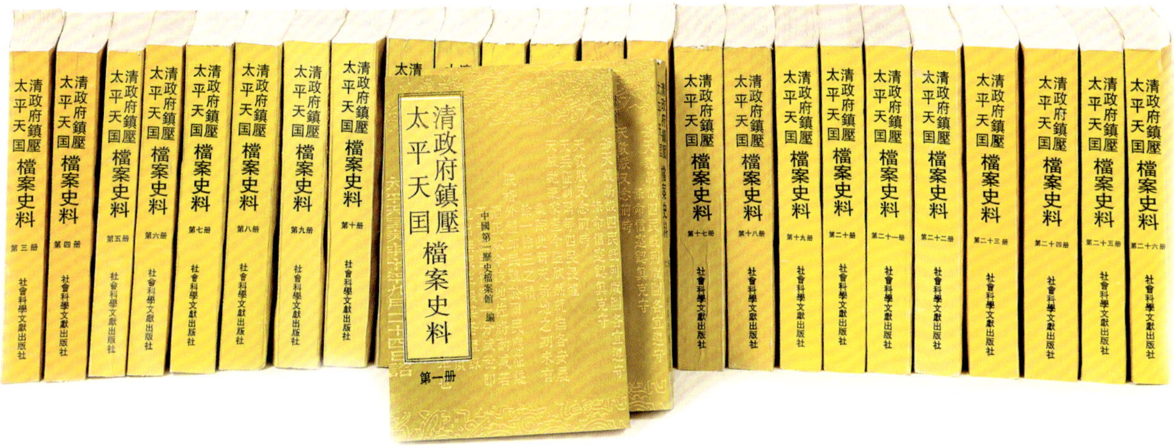


《清政府镇压太平天国档案史料》全 26 册（1990—2001 年）

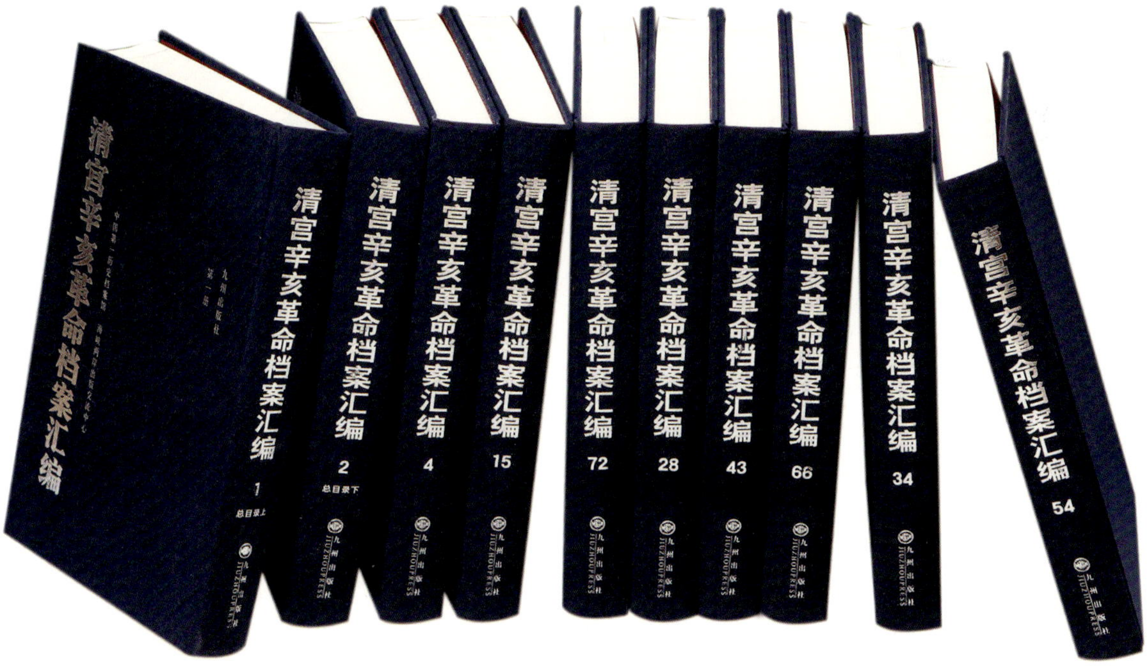


《清宫辛亥革命档案汇编》全 80 册（2011 年）

⑶ 服务文化建设，实现明清档案的社会价值。

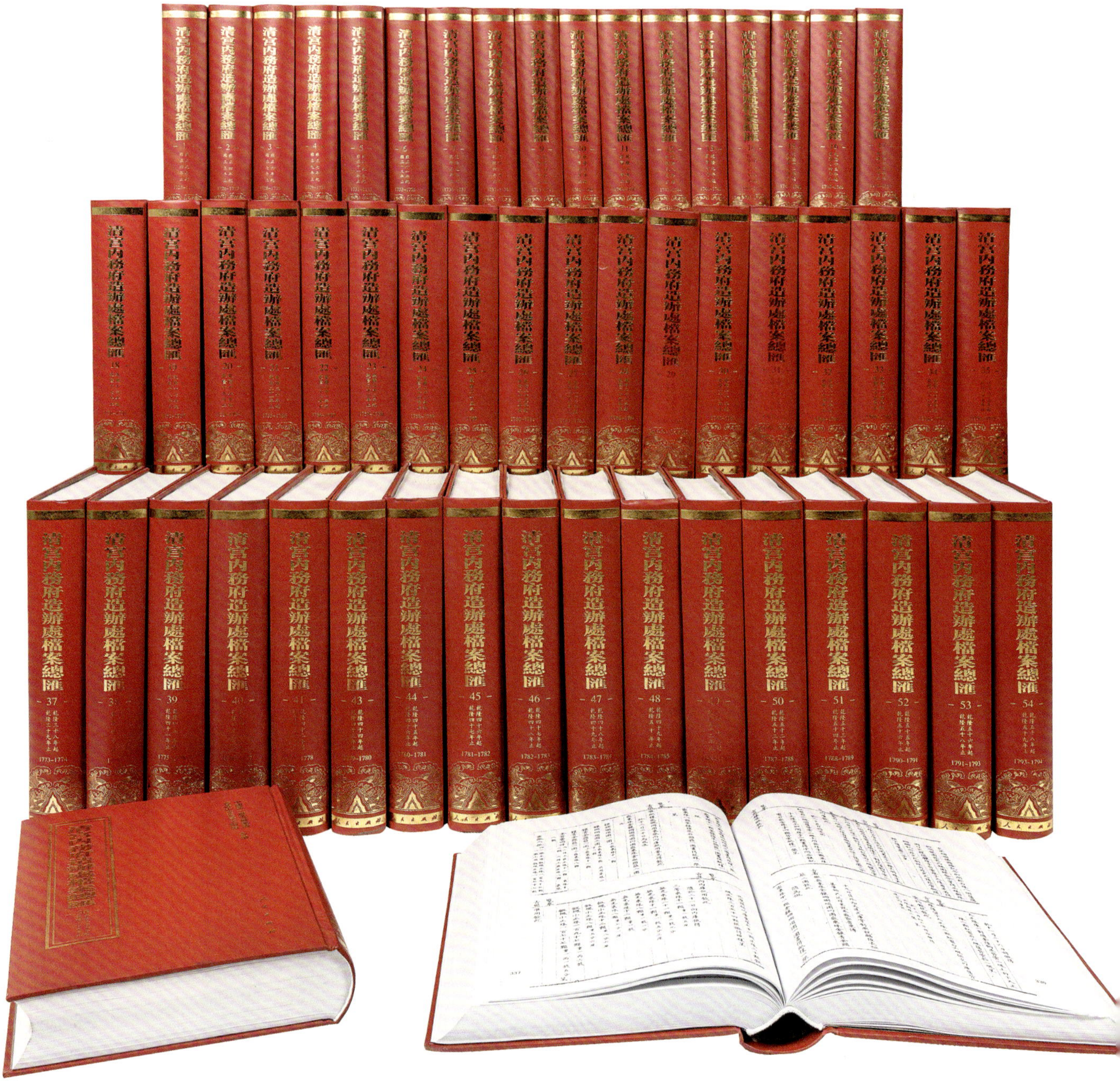

《清宫内务府造办处档案总汇》全 55 册（2005 年）

《清代皇家陈设秘档 · 静明园卷》全 16 册（2016 年）

《清代天文档案史料汇编》（1997 年）

《清代雍和宫档案史料》全 24 册（2006 年）

《清宫塘沽秘档图典》全 4 册（2009 年）

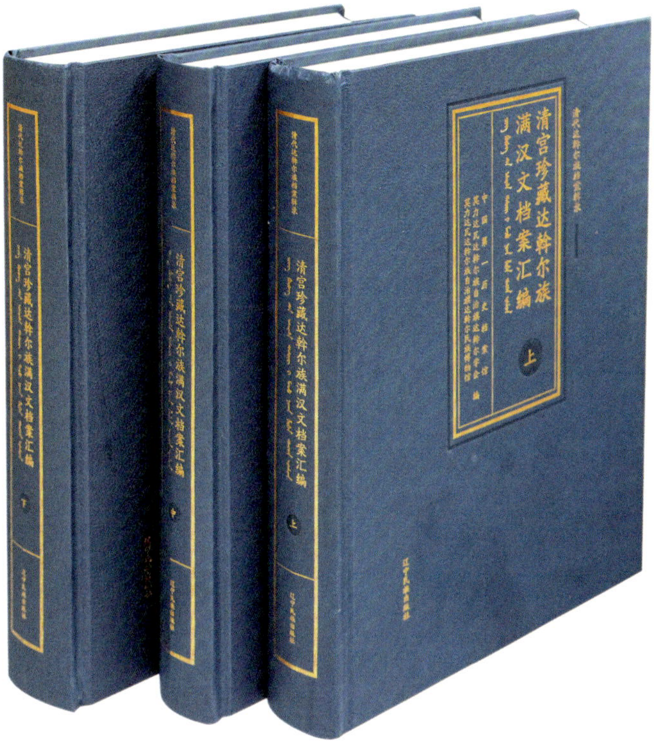


《清宫珍藏达斡尔族满汉文档案汇编》全 3 册（2018 年）

《清宫武英殿修书处档案》全 11 册（2014 年）

主创 28 集文献纪录片

《清宫秘档》（2002 年）

主创 4 集文献纪录片

《帝国商行》（2006 年）

# 四、信息技术勇创新

2007年《清会典》《清实录》全文数据库专家评审会

大数据时代，信息技术是推动明清档案事业发展的重要技术手段。中国第一历史档案馆依托馆藏资源，大力开展档案数字化和信息化的研发及建设，逐步建立明清档案数据库，构建安全高效的档案信息化管理平台。随着明清档案存储数字化、管理现代化、利用网络化取得显著成效，开放共享的明清档案资源体系和利用体系日臻完善。

## 1. 搭建档案信息化管理平台

中国第一历史档案馆从 1985 年购置第一台微型计算机起，便开始探索档案数据库及软件开发工作，逐步建成并不断完善档案信息化管理平台。依托该平台，实现档案整理、扫描、著录数据的接收、保存和利用工作的一体化管理，建成了 PB 级规模的档案数据中心。随着档案信息化管理平台的日益健全，档案服务模式已从单一的纸质档案目录查询到多平台档案利用的全面发展。截至 2020 年底，馆藏档案电子数据总量已达 6.8PB，居全国前列。馆内电子档案查阅平台向社会开放档案 470 万件，互联网官方网站向社会开放档案目录 407 万条。建成 7 个汉文全文检索数据库，5 个满文档案全文检索数据库。其中，《清会典》《清实录》全文检索系统实现了互联网查阅。

《清会典》数据库产品

《清实录》数据库产品

馆内机房实景

中国第一历史档案馆档案信息化管理平台
高级查询
导出
下载导出
文件目录

中国第一历史档案馆
档案全文检索系统
全库检索
简繁异体字关联
《大明会典》
《上谕档》
《清实录》
《清会典》
《起居注》
《随手档》
《大清新法令》

**左上** 档案信息化管理平台

**左下** 7个汉文档案全文检索数据库查询平台

**右上** 互联网官方网站档案目录查询平台

**右下** 《清会典》《清实录》互联网查询平台

## 2. 研发满文档案图像识别软件

满文档案图像识别软件与获奖证书

满文档案图像识别软件系统包括满文识别通、满文输入通等。项目成果可将满文档案图像信息自动识别转换为文本信息，同时具备满文录入、显示和输出功能，以及满文档案数据管理和利用功能。该项目填补了满文档案信息化和数字化领域的技术和软件空白，取得软件著作权登记证书 2 项，作品登记证书 4 项，是国内少数民族手写体文字图像识别的首次成功，于 2018 年 9 月获得国家档案局优秀科技成果特等奖。利用该软件系统，中国第一历史档案馆建成并发布 5 个满文档案全文检索数据库，实现了满文档案工作的跨越式发展。

满文档案全文检索数据库应用界面

# 五、走向世界传文脉

明清档案是中华民族的文化瑰宝，也是世界的珍贵历史文化遗产。清代内阁密本档、大金榜、《赤道南北两总星图》等档案，先后入选联合国教科文组织"世界记忆名录"及"世界记忆亚太地区名录"。截至2020年，中国第一历史档案馆已与30多个国家和地区的档案部门及学术机构开展各种形式的交流合作，大量外国政要、专家学者来馆参观访学，明清档案已成为中外文化交流的纽带和桥梁。

《英使马戛尔尼访华档案史料汇编》（1996年）

1994年中国第一历史档案馆与法国社科机构签署合作出版《英使马戛尔尼访华档案史料汇编》协议

## 1. 积极开展对外合作

（1）与法国社科机构合作编纂马戛尔尼访华档案。

（2）与日本冲绳县教育委员会合作开发中琉历史关系档案。截至 2020 年，双方合作出版档案出版物 52 部；合作举办学术研讨会 12 届。

1998 年中国第一历史档案馆与日本冲绳县教育委员会签订《中琉历史关系学术交流协议书》

《清代中琉关系档案》

1995 年第三届
中国·琉球历史关系研讨会

2001 年第六届
中国·琉球历史关系研讨会

2012 年第十届
中国·琉球历史关系研讨会

2015 年第十一届
中国·琉球历史关系研讨会

《中琉历史关系档案》

（3）与哈萨克斯坦东方学研究所合作编纂清代中哈关系档案。

（4）与有关国家合作开发清代外务部档案。从 1999 年开始，中国第一历史档案馆先后和奥地利萨尔斯堡大学、澳大利亚拉筹伯大学、德国柏林自由大学等外国学术机构共同开发清代外务部档案，按国别陆续汇编出版，同时开展学术交流和研讨。

《清代中哈关系档案汇编》全 2 册（2006—2007 年）

2008 年中国第一历史档案馆与哈萨克斯坦档案馆合作的《清代中哈关系档案汇编》（二）出版发行

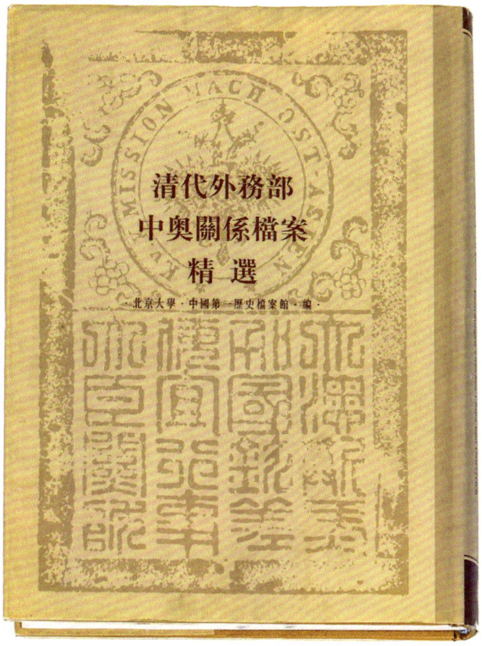


《清代外务部中奥关系档案精选》（2001 年）

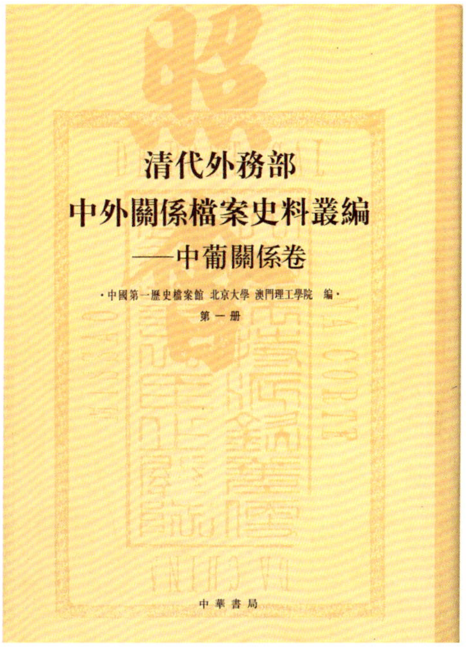


《清代外务部中外关系档案史料丛编》
“中葡关系卷”全 2 册（2004 年）

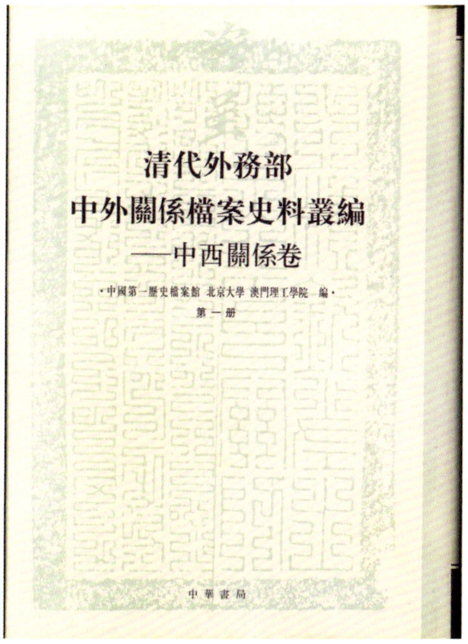


《清代外务部中外关系档案史料丛编》
“中西关系卷”全 3 册（2004 年）

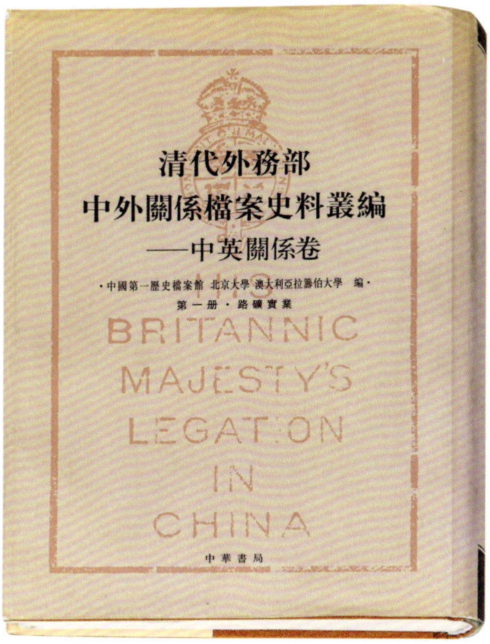


《清代外务部中外关系档案史料丛编》
“中英关系卷”全 5 册（2009 年）

## 2. 来访外国政要及专家学者

1980 年前南斯拉夫档案代表团来馆参观

1982 年美国档案工作者代表团来访

1982 年加拿大公共档案馆代表团来访

1984 年美国驻华大使恒安石先生及学者孔飞立先生来馆参观

1992 年欧洲共同体驻京使馆文化官员来访

1998 年联合国教科文组织“世界记忆工程”代表团来访

2001年南非议长金瓦拉女士来访

2010年新加坡总统纳丹
来馆参观大金榜档案

2010年瑞士大使高德
来馆参观《金沙江上下两游图》

## 3. 部分档案入选世界记忆名录

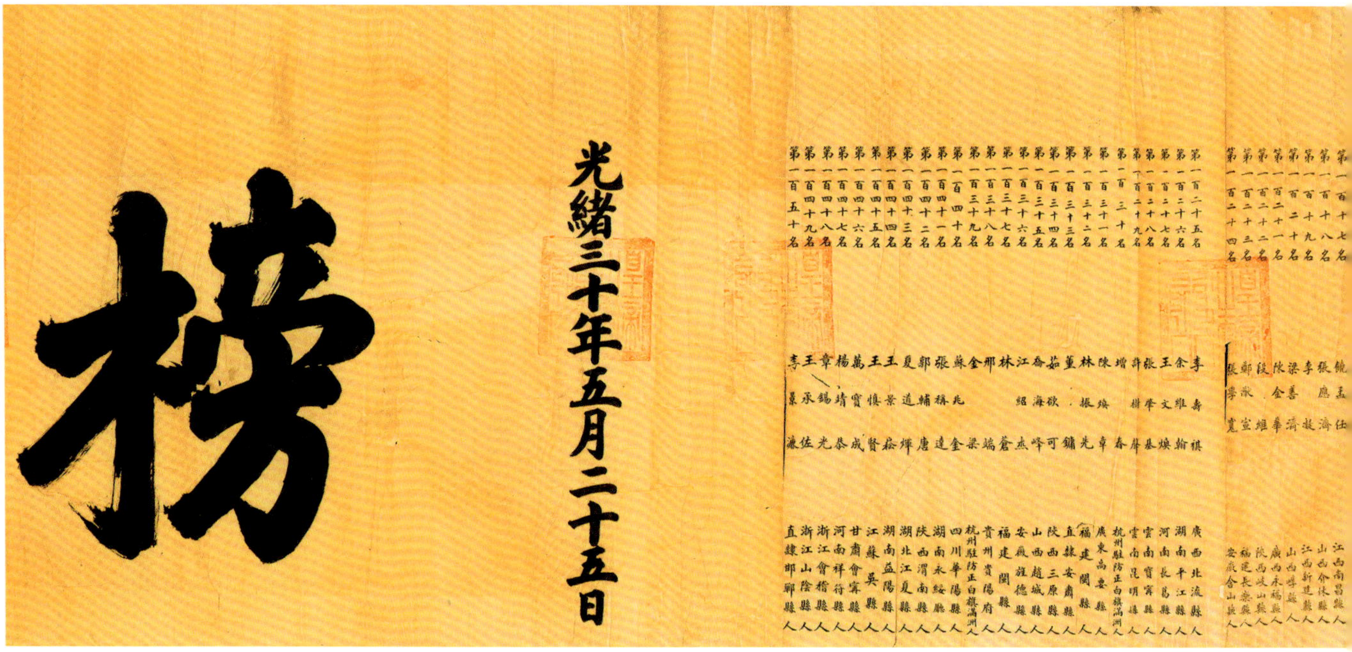


大金榜

《赤道南北两总星图》

清代内阁密本档

1999 年清代内阁密本档入选“世界记忆名录”证书

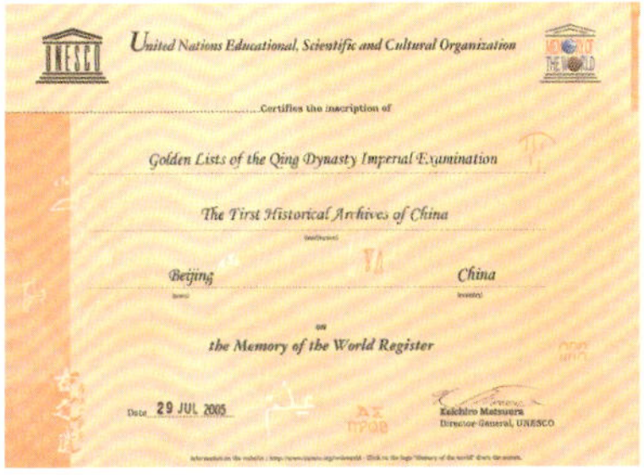


2005 年大金榜入选“世界记忆名录”证书

2014 年《赤道南北两总星图》入选“世界记忆亚太地区名录”证书

中國第一歷史檔案館

第五单元

# 面向未来：明清档案事业的世纪新梦

自1925年成立文献部，明清档案的办公管理及档案库房基本都在故宫院内。为适应明清档案事业发展新阶段的需要，在中央领导的亲切关怀和大力支持下，一座具有明清历史意蕴、气势恢宏、功能完善的现代化明清档案馆于2020年建成，它将承载明清档案事业的发展新梦，走向更加辉煌的新时代。

# 一、新馆筹建

新馆奠基

马道土方清理

首块底板施工

地上三层底板施工

结构封顶

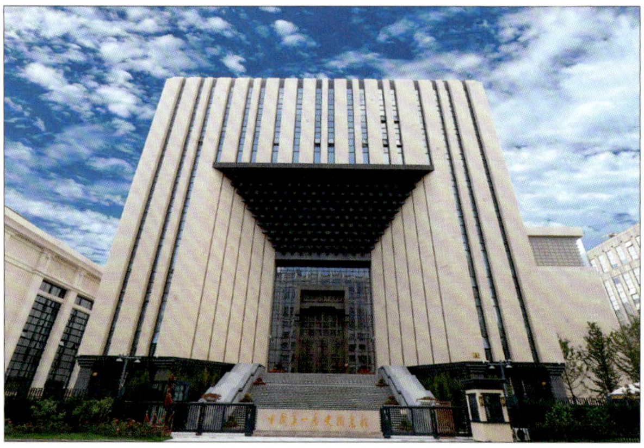

新馆全景

中国第一历史档案馆新馆位置示意图

1991 年 6 月，经国务院批准，国家计划委员会对中国第一历史档案馆新馆建设正式立项。此后历经艰辛，多处选址。

2003 年 11 月，新馆迁建工程项目建议书正式批复，筹建工作正式启动。

2012 年 1 月，最终确定新馆选址北京祈年大街。

2013 年 7 月，中共中央办公厅主任办公会研究，同意《中国第一历史档案馆新馆迁建工程可行性研究报告》。

2014 年 4 月，国家发改委批复《中国第一历史档案馆迁建工程调整立项报告》。

2015 年 1 月，中央主要领导审批《中央办公厅关于一史馆迁建项目有关情况的报告》，新馆建设工作全面步入正轨。

2015 年 4 月，中共中央办公厅主任办公会讨论并原则同意新馆设计方案。

2015 年 12 月，国家发改委正式批复《一史馆迁建工程可行性研究报告》。

2016 年 12 月，新馆奠基，正式开工建设。

2020 年 10 月，新馆竣工落成。

2021 年 6 月，新馆正式启用。

## 二、新馆新貌

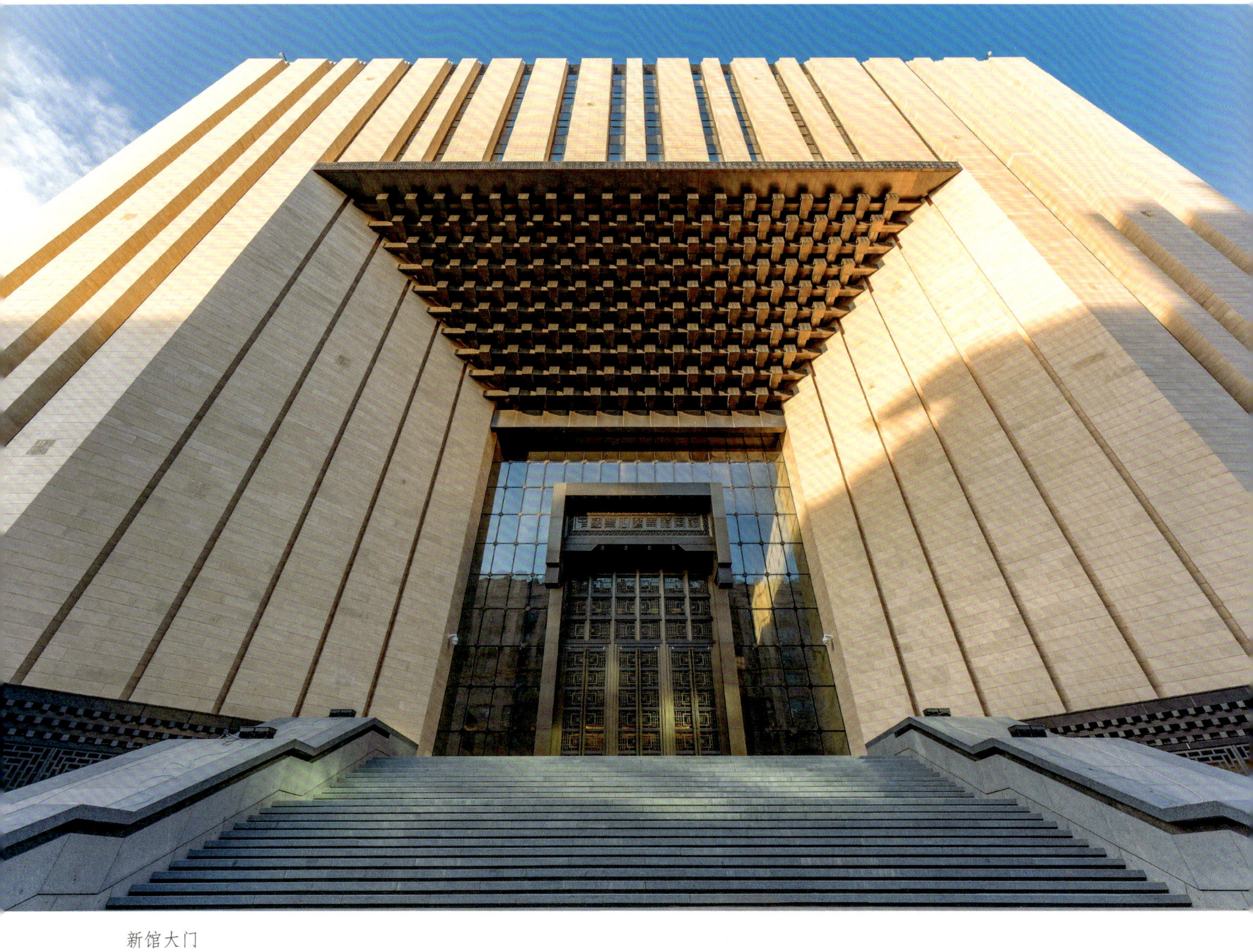

新馆大门

新馆大厅

“兰台翰墨　家国春秋”展

“守护国家记忆　传承民族文脉”展

守护国家记忆
——明清档
明

承民族文脉
事业发展历程

“盛载千秋”——金匮展

“盛载千秋”——龙柜展

## 三、馆庆合影

1985 年 60 周年馆庆全馆合影

庆祝中国第

1990 年 65 周年馆庆全馆合影

庆祝中国第一历

1995 年 70 周年馆庆全馆合影

庆祝中国第一历史

2000 年 75 周年馆庆全馆合影

庆祝中国第一历

2005年80周年馆庆全馆合影

庆祝中国第一历

2010 年 85 周年馆庆全馆合影

纪念中国第一历

2015 年 90 周年馆庆全馆合影

庆 祝 中 国 第 一 历 史

2020 年 95 周年馆庆全馆合影

# 附 录

## 1. 中国第一历史档案馆历史沿革表

| 时 间 | 名 称 | 隶 属 |
|---|---|---|
| 1925 年 10 月 | 文献部 | 故宫博物院图书馆 |
| 1927 年 11 月 | 掌故部 | 故宫博物院图书馆 |
| 1928 年 10 月 | 文献馆 | 故宫博物院 |
| 1951 年 5 月 | 档案馆 | 故宫博物院 |
| 1955 年 12 月 | 第一历史档案馆 | 国家档案局 |
| 1958 年 6 月 | 明清档案馆 | 国家档案局 |
| 1959 年 10 月 | 明清档案部 | 中央档案馆 |
| 1969 年 11 月 | 明清档案组（1972 年 8 月改称明清档案部） | 故宫博物院 |
| 1980 年 4 月 | 中国第一历史档案馆 | 1980 年 4 月后，是中央办公厅领导下的直属局级单位，业务归国家档案局指导。1985 年划归国务院办公厅领导。1988 年 8 月，归口国家档案局管理。 |

## 2. 中国第一历史档案馆历任负责人名录

| 负责人 | 职 务 | 任职时间 | 副 职 | 机关党委书记 |
|---|---|---|---|---|
| 沈兼士 | 故宫博物院图书馆副馆长<br>负责文献部工作 | 1925.10—1929.3 | 1927 年 10 月文献部称掌故部，因沈兼士未到职，由许宝蘅主持部务 | |
| 张 继 | 故宫博物院文献馆馆长 | 1929.3—1934.10 | 沈兼士 | |
| 沈兼士 | 故宫博物院文献馆馆长 | 1934.10—1947.8 | | |
| 姚从吾（未到任） | 故宫博物院文献馆馆长 | 1947.8—1952.11 | 由单士魁、张德泽两位科长主持馆务 | |

（续 表）

| 负责人 | 职 务 | 任职时间 | 副 职 | 机关党委书记 |
|---|---|---|---|---|
| 沈士远 | 故宫博物院档案馆主任 | 1952.11—1955.6 | 曾 远 | |
| 曾 远 | 故宫博物院档案馆副主任 | 1955.6—1955.12 | 欧阳道达 | |
| 欧阳道达 | 国家档案局第一历史档案馆副主任 | 1955.12—1959.2 | 杜衿南 | |
| 程桂芬 | 国家档案局明清档案部副主任 | 1959.2—1959.10 | 韩毓虎 | |
| | 中央档案馆明清档案部副主任 | 1959.10—1969.11 | 韩毓虎 | |
| 韩毓虎 | 故宫博物院明清档案组领导小组组长 | 1969.11—1972.9 | 王桂芬 阎玉昆 | |
| 陈 肇 | 故宫博物院副院长兼明清档案部主任 | 1972.9—1980.5 | 韩毓虎 沈洪堂 李鹏年 | |
| 黄啸曾 | 中国第一历史档案馆馆长 | 1980.5—1982.6 | 延永生 金玉章 | 黄啸曾 沈洪堂 |
| 延永生 | 中国第一历史档案馆馆长 | 1982.6—1989.5 | 金玉章 徐艺圃 任世铎 | 沈洪堂 金玉章 |
| 徐艺圃 | 中国第一历史档案馆馆长 | 1989.5—1997.6 | 金玉章 任世铎 秦国经 刘余才 | 金玉章 任世铎 |
| 邢永福 | 中国第一历史档案馆馆长 | 1997.6—2007.4 | 刘余才 杨继波 邹爱莲 冯伯群 | 刘余才 赵 雄 |
| 邹爱莲 | 中国第一历史档案馆馆长 | 2007.4—2010.3 | 冯伯群 吴 红 赵 雄 | 李宏为 |
| 胡旺林 | 中国第一历史档案馆馆长 | 2010.3—2016.10 | 吴 红 赵 雄 李国荣 胡忠良 | 李宏为 |
| 孙森林 | 中国第一历史档案馆馆长 | 2016.10— | 李国荣 胡忠良 高建平 韩永福 | 李宏为 孙森林 |

### 3. 中国第一历史档案馆劳模名录

| 姓 名 | 所获荣誉 |
|---|---|
| 胡启松 | 1991 年获全国档案系统劳动模范 |
| 唐益年 | 1999 年获全国档案系统先进工作者 |
| 郑文富 | 2015 年获全国档案系统先进工作者 |
| 王玉田 | 2019 年获全国档案系统先进工作者 |

## 4. 中国第一历史档案馆专家名录

| 姓　名 | 所获荣誉 |
|---|---|
| 单士魁 | 明清档案老专家，清史学家 |
| 张德泽 | 明清档案老专家，清史学家<br>1995 年获国务院颁发享受政府特殊津贴 |
| 朱金甫 | 1992 年获国务院颁发享受政府特殊津贴 |
| 秦国经 | 1993 年获国务院颁发享受政府特殊津贴 |
| 张书才 | 1993 年获国务院颁发享受政府特殊津贴 |
| 徐艺圃 | 1996 年获国务院颁发享受政府特殊津贴 |
| 陈锵仪 | 1997 年获国务院颁发享受政府特殊津贴 |
| 屈六生 | 1997 年获国务院颁发享受政府特殊津贴 |
| 叶志如 | 1998 年获国务院颁发享受政府特殊津贴 |
| 关孝廉 | 1998 年获国务院颁发享受政府特殊津贴 |
| 刘子扬 | 1999 年获国务院颁发享受政府特殊津贴 |
| 宋秀元 | 2000 年获国务院颁发享受政府特殊津贴 |
| 鞠德源 | 2000 年获国务院颁发享受政府特殊津贴 |
| 牛创平 | 2001 年获国务院颁发享受政府特殊津贴 |
| 唐益年 | 2002 年获国务院颁发享受政府特殊津贴 |
| 邢永福 | 2004 年获国务院颁发享受政府特殊津贴 |
| 胡忠良 | 2017 年获全国档案收集鉴定领域专家、全国档案领军人才 |
| 李国荣 | 2017 年获全国档案信息开发领域专家、全国档案领军人才<br>2019 年任国家社科基金重点项目首席专家 |
| 韩永福 | 2017 年获全国档案收集鉴定领域专家 |
| 吴元丰 | 2020 年任国家社科基金冷门绝学项目首席专家 |

## 5. 中国第一历史档案馆档案全宗目录

| 全宗号 | 全宗名称 | 档 案 来 源 | 档案起止时间 | 档案数量（件、册） |
|---|---|---|---|---|
| 1 | 明朝档案 | 来源：内阁大库、皇史宬<br>1958 年 7 月 29 日—8 月 6 日，接收辽宁省图书馆内罗振玉自留原内阁大库存明代档案 575 件。<br>1970 年 2 月 23 日，接收中国人民大学历史档案系存明代档案 16 卷。 | 洪武四年（1371）至崇祯十七年（1644） | 3855 件（册） |
| | | **清朝档案** | | |
| 2 | 内　阁 | 来源：内阁<br>1935 年 11 月，购入清汉文黄册 81 本。<br>1937 年 5 月 购入康熙《大清会典》20 册。<br>1949 年 11 月，购入康熙三十三年小金榜一件。<br>1958 年 7 月 29 日—8 月 6 日，接收辽宁省图书馆内罗振玉自留原内阁大库存清代档案 66154 件。未经整理的杂残档和满文档 264 捆，64 包。<br>1987 年 5 月 8 日，接收辽宁省档案馆存罗振玉购买原内阁大库存清代档案。已整理：汉文稿 445 件，满文稿 373 件。未整理：汉文档残片 63 包，满文档残片 60 包，蒙文档 25 包。内阁大库残档目录一册。 | 天命九年（1607）至宣统三年（1911） | 2411009 件（册） |
| 3 | 军机处 | 来源：方略馆 | 雍正八年（1730）至宣统三年（1911） | 1023178 件（册） |
| 4 | 宫　中 | 来源：宫中各处<br>1963 年 1 月，接收上海市公安局存清代 8 朝奏折等档案 41 件。 | 顺治十七年（1660）至宣统三年（1911） | 1410345 件（册） |
| 5 | 内务府 | 来源：内务府<br>1966 年 5 月 5 日，接收北京大学图书馆存部分内务府档案。 | 顺治十一年（1654）至民国十三年（1924） | 2867927 件（册） |
| 6 | 宗人府 | 来源：宗人府<br>1937 年，接收孔德学校存宗人府玉牒及档案 96 册。<br>1947 年 3 月，接收孔德学校存宗人府档案 834 册。<br>1958、1961 年，接收南京史料整理处存南运部分宗人府档案。<br>1966 年，接收中国第二历史档案馆存部分宗人府档案。 | 顺治至民国十三年（1924） | 523926 件（册） |
| 7 | 责任内阁 | 来源：责任内阁 | 光绪二十七年（1901）四月至宣统三年（1911） | 7079 件（册） |
| 8 | 弼德院 | 来源：弼德院 | 光绪二十七年（1901）四月至宣统三年（1911） | 7 件（册） |
| 9 | 宪政编查馆 | 来源：宪政编查馆<br>1936 年 5 月，购入《政治官报》及《政府公报》等 284 函。 | 光绪十年（1884）至宣统三年（1911 年） | 100 卷 2936 件 |

（续 表）

| 全宗号 | 全宗名称 | 档案来源 | 档案起止时间 | 档案数量（件、册） |
|---|---|---|---|---|
| 10 | 修订法律馆 | 来源：修订法律馆 | 光绪三十一年（1905年）至宣统三年（1911） | 19卷152件 |
| 11 | 国史馆 | 来源：国史馆 | 乾隆五年（1740）至光绪三十一年（1905） | 42418件（册） |
| 12 | 吏　部 | 来源：吏部<br>1961年，接收南京史料整理处存南运部分吏部档案。<br>1966年2月3日—2月14日，接收中国第二历史档案馆存部分吏部档案。 | 康熙七年（1668）至1914年 | 4757件（册） |
| 13 | 户部—度支部 | 来源：户部—度支部<br>1958年，接收财政部办公厅存部分户部档案。<br>1961年，接收南京史料整理处存南运部分户部档案。<br>1966年2月3日—2月14日，接收中国第二历史档案馆存部分户部档案。<br>1966年5月，接收北京大学图书馆存部分户部（度支部）档案。 | 顺治二年（1645）至宣统三年（1911） | 38702件（册） |
| 14 | 礼　部 | 来源：礼部<br>1966年2月3日—2月14日，接收中国第二历史档案馆存部分礼部档案。 | 康熙二十四年（1685）至宣统三年（1911） | 2702件（册） |
| 15 | 兵部—陆军部 | 来源：兵部—陆军部<br>1936年6月，购入兵部—陆军部档案1110斤。<br>1961年，接收南京史料整理处存南运兵部—陆军部档案90卷。<br>1966年2月3日—2月14日，接收中国第二历史档案馆存部分兵部档案。<br>1966年5月，接收北京大学图书馆存部分兵部（陆军部）档案。 | 顺治十一年（1654）至宣统三年（1911） | 1624卷<br>275932件 |
| 16 | 刑部—法部 | 来源：刑部—法部<br>1929年9月，接收北洋政府司法部存刑部—法部档案103箱。<br>1949年共和国成立后，接收南京史料整理处存南运部分刑部—法部档案。 | 顺治六年（1649）至宣统三年（1911） | 2434卷<br>151401件 |
| 17 | 工　部 | 来源：工部<br>1966年2月3日—2月14日，接收中国第二历史档案馆存部分工部档案。 | 顺治十三年（1656）至光绪三十三年（1907） | 4162件（册） |
| 18 | 外务部 | 来源：外务部<br>1965年10月15日，接收外交部档案管理处存清朝外务部（含总理各国事务衙门）等全宗档案924包。<br>1966年2月3日—2月14日，接收中国第二历史档案馆存部分外交部档案。<br>1966年5月，接收北京大学图书馆存部分外务部档案。 | 咸丰十年（1860）至宣统三年（1911） | 5169卷<br>114002件 |

（续 表）

| 全宗号 | 全宗名称 | 档 案 来 源 | 档案起止时间 | 档案数量（件、册） |
|---|---|---|---|---|
| 19 | 学 部 | 来源：学部<br>1937 年 4 月，购入贵胄学堂等处档案 200 余斤。<br>1966 年 2 月 3 日—2 月 14 日，接收中国第二历史档案馆存部分学部档案。 | 光绪二十六年（1900）至宣统三年（1911） | 6546 件（册） |
| 20 | 农工商部 | 来源：农工商部<br>1937 年，接收北洋政府实业部存清商部、农工商部及民国农商部等档案 2074 宗，196 册，574 张。 | 光绪二十九年（1903）至宣统三年（1911） | 6998 件（册） |
| 21 | 民政部 | 来源：民政部<br>1961 年，接收南京史料整理处存南运部分民政部档案。<br>1966 年 2 月 3 日—2 月 14 日，接收中国第二历史档案馆存部分民政部档案。 | 光绪三十三年（1907）至宣统三年（1911） | 41481 件（册） |
| 22 | 邮传部 | 来源：邮传部<br>1961 年，接收南京史料整理处存南运部分邮传部档案。<br>购买纸商手中邮传部簿册、折件等档案。<br>1966 年 2 月 3 日—2 月 14 日，接收中国第二历史档案馆存部分邮传部档案。 | 光绪六年（1880）至宣统三年（1911） | 805 件（册） |
| 23 | 八旗都统衙门 | 来源：八旗都统衙门<br>1961 年，接收南京史料整理处存南运八旗都统衙门档案 81 卷。<br>1966 年 5 月，接收北京大学图书馆存部分八旗都统衙门档案。 | 顺治十一年（1654）至宣统三年（1911） | 47834 件（册） |
| 24 | 大清银行 | 来源：大清银行 | 光绪二十八年（1902）至宣统三年（1911） | 1285 件（册） |
| 25 | 督办盐政处 | 来源：督办盐政处 | 宣统朝 | 213 件（册） |
| 26 | 溥仪档案 | 来源：宫内<br>1946 年 8 月，接收天津溥修宅所存溥仪档案 20 余箱。 | 宣统三年（1911）至 1931 年 | 3060 卷 415201 件 |
| 27 | 端方档案 | 1935-1937 年，购入端方电报、函札等档案 963 册，又 54 包，13 件。 | 光绪二十六年（1900）至宣统三年（1911） | 1058 卷 88769 件 |
| 28 | 顺天府 | 来源：顺天府 | 雍正至宣统朝 | 333 卷 41839 件 |
| 29 | 山东巡抚衙门 | 来源：山东巡抚衙门 | 咸丰五年（1855）至宣统二年（1910） | 317 件（册） |
| 30 | 黑龙江将军衙门 | 1956 年，接收苏联档案总局移交黑龙江将军衙门档案 | 1984 年拨交黑龙江档案馆 | 737 卷 |
| 31 | 宁古塔副都统衙门 | 1956 年，接收苏联档案总局移交宁古塔副都统衙门档案。 | 康熙十四年（1675）至光绪二十六年（1900） | 1564 件（册） |

（续 表）

| 全宗号 | 全宗名称 | 档 案 来 源 | 档案起止时间 | 档案数量（件、册） |
|---|---|---|---|---|
| 32 | 阿拉楚喀副都统衙门 | 1956年，接收苏联档案总局移交阿拉楚喀副都统衙门档案。 | 同治五年（1866）至光绪二十五年（1899） | 604件（册） |
| 33 | 珲春副都统衙门 | 1956年，接收苏联档案总局移交珲春副都统衙门档案。 | 乾隆二年（1737）至光绪二十六年（1900） | 961件（册） |
| 34 | 长芦盐运使司 | 1957年8月，接收食品工业部盐务总局存清代长芦盐运使司衙门档案22箱。计5011卷，又1包，共403100件。 | 乾隆三十三年（1768）至民国三年（1914） | 14551件（册） |
| 35 | 会议政务处 | 来源：会议政务处 | 光绪二十七年（1901）至宣统三年（1911） | 20602件（册） |
| 36 | 銮仪卫 | 来源：銮仪卫 | 乾隆至宣统朝 | 20887件（册） |
| 37 | 巡警部 | 来源：巡警部<br>1961年，接收南京史料整理处存南运部分巡警部档案。 | 光绪二十三年（1897年）至宣统三年（1911） | 13561件（册） |
| 38 | 醇亲王府 | 来源：醇亲王府 | 光绪元年（1875年）至民国十五年（1926） | 270件（册） |
| 39 | 总理练兵处 | 来源：总理练兵处<br>1961年，接收南京史料整理处存南运练兵处档案67卷。 | 光绪二十九年（1903年）十一月至光绪三十三年（1907） | 2226件（册） |
| 40 | 神机营 | 来源：神机营 | 同治七年（1868）至宣统二年（1910） | 776件（册） |
| 41 | 京师高等审判厅、检察院 | 来源：京师高等审判厅、检察院 | 光绪三十三年（1907）至宣统三年（1911） | 2692件 |
| 42 | 近畿陆军各镇督练公所 | 来源：近畿陆军各镇督练公所<br>1961年，接收南京史料整理处存南运部分近畿陆军各镇督练公所档案。<br>陆军部中相关档案移本处。 | 光绪三十三年（1907）至宣统三年（1911） | 554件（册） |

（续 表）

| 全宗号 | 全宗名称 | 档 案 来 源 | 档案起止时间 | 档案数量（件、册） |
|---|---|---|---|---|
| 43 | 卓索图盟扎萨克衙门（蒙文档案） | 来源：二十世纪 80 年代辽宁省档案馆移交内阁流散残题本时夹带 |  | 13696 件 |
| 44 | 税务处 | 来源：税务处<br>1961 年，接收南京史料整理处存南运部分税务处档案。 | 光绪二十七年（1901）至宣统三年（1911） | 1684 件（册） |
| 45 | 理藩院 | 来源：理藩院<br>1966 年 2 月 3 日—2 月 14 日，接收中国第二历史档案馆存部分理藩部档案。 | 乾隆三十四年（1769）至 1912 年 | 11332 件（册） |
| 46 | 方略馆 | 来源：方略馆<br>1966 年 5 月，接收北京大学图书馆存部分方略馆档案。 | 乾隆四年（1739）至宣统三年（1911） | 10693 件（册） |
| 47 | 舆图汇集 | 来源：内务府舆图房、军机处<br>1937 年 5 月，购入旧档地图等 22 种。 | 康熙五十六年（1717）至 1924 年 | 819 件（册） |
| 48 | 都察院 | 来源：都察院<br>1961 年，接收南京史料整理处存南运部分都察院档案。 | 顺治至宣统朝 | 237 件（册） |
| 49 | 军谘府 | 来源：军谘府 | 光绪三十三年（1907）至宣统三年（1911） | 102 件（册） |
| 50 | 资政院 | 来源：资政院 | 宣统朝 | 123 件（册） |
| 51 | 步军统领衙门 | 来源：步军统领衙门 | 咸丰三年（1853）至宣统三年（1911） | 859 件（册） |
| 52 | 北洋督练处 | 来源：北洋督练处 | 光绪三十二年（1906）至宣统二年（1910） | 868 件（册） |
| 53 | 钦天监 | 来源：钦天监 | 康熙五十四年（1715）至光绪三十四年（1908） | 35 件（册） |
| 54 | 国子监 | 来源：国子监 | 乾隆五年（1740）至光绪三十二年（1906） | 231 件（册） |
| 55 | 乐 部 | 来源：乐部 | 宣统朝 | 7 件（册） |
| 56 | 陵寝礼部 | 来源：（陵寝）礼部 | 乾隆十三年（1748）至宣统三年（1911） | 39 件（册） |

（续 表）

| 全宗号 | 全宗名称 | 档 案 来 源 | 档案起止时间 | 档案数量（件、册） |
|---|---|---|---|---|
| 57 | 太仆寺 | 来源：太仆寺 | 乾隆十三年（1748）至光绪三十二年（1906） | 650 件（册） |
| 58 | 太常寺 | 来源：太常寺 | 康熙五十九年（1720）至光绪三十二年（1906） | 506 件（册） |
| 59 | 光禄寺 | 来源：光禄寺 | 光绪朝 | 4 件（册） |
| 60 | 鸿胪寺 | 来源：鸿胪寺 | 光绪二十八年（1902）至光绪三十二年（1906） | 10 件（册） |
| 61 | 翰林院 | 来源：翰林院 | 顺治至光绪朝 | 73 件（册） |
| 62 | 大理院 | 来源：大理院 | 光绪三十三年（1907）至宣统三年（1911） | 10 件（册） |
| 63 | 会考府 | 来源：会考府 | 雍正元年（1723）至雍正三年（1725） | 114 件（册） |
| 64 | 清理财政处 | 来源：清理财政处 | 光绪二十九年（1903）至光绪三十一年（1905） | 3 件（册） |
| 65 | 管理前锋护军等营事务大臣处 | 来源：管理前锋护军等营事务大臣处 | 光绪三十四年（1908）至宣统三年（1911） | 623 件（册） |
| 66 | 健锐营 | 来源：健锐营 | 光绪三十三年（1907）至宣统二年（1910）（有间断） | 3 件（册） |
| 67 | 火器营 | 来源：火器营 | 光绪三十四年（1908）至宣统元年（1909） | 4 件（册） |
| 68 | 侍卫处 | 来源：侍卫处 | 光绪十八年（1892）至宣统元年（1909） | 15 件（册） |
| 69 | 尚虞备用处 | 来源：尚虞备用处 | 光绪三十三年（1907） | 1 件 |
| 70 | 禁卫军训练处 | 来源：禁卫军训练处 | 宣统元年（1909）至宣统三年（1911） | 21 件 |

（续 表）

| 全宗号 | 全宗名称 | 档 案 来 源 | 档案起止时间 | 档案数量（件、册） |
|---|---|---|---|---|
| 71 | 京城巡防处 | 来源：京城巡防处 | 咸丰三年（1853）至咸丰五年（1855） | 366 件 |
| 72 | 京城善后协巡总局 | 来源：京城善后协巡总局 | 光绪二十七年（1901）至光绪二十八年（1902） | 7 件 |
| 72 | 京城善后协巡总局 | 来源：京城善后协巡总局 | 光绪二十七年（1901）至光绪二十八年（1902） | 7 件 |
| 73 | 京防营务处 | 来源：京防营务处 | 宣统三年（1911） | 6 件 |
| 74 | 禁烟总局 | 来源：禁烟总局 | 光绪二十八年（1902）至宣统三年（1911 年） | 38 件 |
| 75 | 赵尔巽 | 1963 年 13 月 22 日，接收山东省档案局存赵尔巽档案六箱，共 2 万余件。 | 光绪十一年（1885）至民国元年（1912） | 20523 件 |
| 76 | 各处档案汇集 | 来源：八千麻袋中未整理部分 | 明、清、民国等各时期 | 990588 |
| 77 | 征集档案 | 来源：购买、征集、捐献的档案原件、照片、复制件等。1985 至 1995 年间，陆续征集和收购明清及以前的历史档案资料 5947 件（册）。 | 明、清、民国等各时期 | 8526 |

## 6. 中国第一历史档案馆档案出版物目录

（截至 2020 年）

| 序号 | 档案出版物名称 | 册数 | 编纂单位 | 出版单位 | 出版时间 |
|---|---|---|---|---|---|
| 1 | 交泰殿宝谱 | 1 | 故宫博物院文献馆 | 故宫印刷所 | 1926 年 |
| 2 | 读书堂西征随笔 | 1 | 故宫博物院文献馆 | 京城印书局 | 1928 年 |
| 3 | 掌故丛编 | 10 | 故宫博物院文献馆 | 和济印刷局 | 1928—1929 年 |
| 4 | 清代帝后像 | 4 | 故宫博物院文献馆 | 故宫印刷所 | 1929—1931 年 |
| 5 | 筹办夷务始末 | 130 | 故宫博物院文献馆 | 故宫抄本影印 | 1930 年 |
| 6 | 清军机处档案目录 | 1 | 故宫博物院文献馆 | 故宫印刷所 | 1930 年 |
| 7 | 雍正朱批谕旨不录奏折总目 | 1 | 故宫博物院文献馆 | 故宫印刷所 | 1930 年 |
| 8 | 名教罪人 | 1 | 故宫博物院文献馆 | 故宫印刷所 | 1930 年 |
| 9 | 史料旬刊 | 40 | 故宫博物院文献馆 | 京华印书局 | 1930—1931 年 |
| 10 | 文献丛编 | 46 | 故宫博物院文献馆 | 故宫印刷所 | 1930—1943 年 |
| 11 | 清太祖努尔哈赤实录 | 1 | 故宫博物院文献馆 | 京华印书局 | 1931 年 |
| 12 | 清太祖武皇帝实录 | 1 | 故宫博物院文献馆 | 故宫印刷所 | 1931 年 |
| 13 | 清三藩史料 | 6 | 故宫博物院文献馆 | 故宫印刷所 | 1931—1932 年 |
| 14 | 清代文字狱档 | 9 | 故宫博物院文献馆 | 北平研究院 | 1931—1934 年 |
| 15 | 朝鲜迎接都监都厅仪轨 | 1 | 故宫博物院文献馆 | 故宫抄本影印 | 1932 年 |
| 16 | 康熙与罗马使节关系文书 | 1 | 故宫博物院文献馆 | 故宫印刷所 | 1932 年 |
| 17 | 清光绪朝中日交涉史料 | 44 | 故宫博物院文献馆 | 故宫印刷所 | 1932 年 |
| 18 | 故宫宝玺明信片 | 1 | 故宫博物院文献馆 | 故宫印刷所 | 1932 年 |
| 19 | 乾隆内府舆图 | 1 匣 | 故宫博物院文献馆 | 故宫印刷所 | 1932 年 |
| 20 | 北平故宫博物院文献馆一览 | 1 | 故宫博物院文献馆 | 故宫印刷所 | 1932 年 |
| 21 | 清代外交史料（嘉庆朝、道光朝） | 10 | 故宫博物院文献馆 | 故宫印刷所 | 1932—1933 年 |

（续 表）

| 序号 | 档案出版物名称 | 册数 | 编纂单位 | 出版单位 | 出版时间 |
|---|---|---|---|---|---|
| 22 | 清光绪朝中法交涉史料 | 11 | 故宫博物院文献馆 | 故宫印刷所 | 1932—1933 年 |
| 23 | 台湾风俗邮片 | 1 | 故宫博物院文献馆 | 故宫印刷所 | 1933 年 |
| 24 | 朝鲜国王来书 | 1 | 故宫博物院文献馆 | 故宫抄本影印 | 1933 年 |
| 25 | 清宣统朝中日交涉史料 | 3 | 故宫博物院文献馆 | 故宫印刷所 | 1933 年 |
| 26 | 太平天国文书 | 1 | 故宫博物院文献馆 | 故宫印刷所 | 1933 年 |
| 27 | 北平故宫博物院文献馆南迁档案文物清册 | 1 | 故宫博物院文献馆 | 故宫印刷所 | 1933 年 |
| 28 | 重整内阁大库残本书影 | 1 | 故宫博物院文献馆 | 故宫印刷所 | 1933 年 |
| 29 | 多尔衮摄政日记（附：司道职名册） | 1 | 故宫博物院文献馆 | 故宫印刷所 | 1933 年 |
| 30 | 广西沿边各营驻防中越交界对汛法屯交界远近图 | 1 | 故宫博物院文献馆 | 故宫印刷所 | 1933 年 |
| 31 | 文献馆现存清代实录总目 | 1 | 故宫博物院文献馆 | 故宫印刷所 | 1934 年 |
| 32 | 清季各国照会目录 | 4 | 故宫博物院文献馆 | 和济印书局<br>故宫印刷所 | 1934—1936 年 |
| 33 | 阿济格略明事件之满文木牌 | 1 | 故宫博物院文献馆 | 故宫印刷所 | 1935 年 |
| 34 | 历代功臣像 | 1 | 故宫博物院文献馆 | 故宫印刷所 | 1935 年 |
| 35 | 清内阁库贮旧档辑刊 | 6 | 故宫博物院文献馆 | 故宫印刷所 | 1935 年 |
| 36 | 升平署岔曲 | 1 | 故宫博物院文献馆 | 故宫印刷所 | 1935 年 |
| 37 | 碎金 | 1 | 故宫博物院文献馆 | 故宫印刷所 | 1935 年 |
| 38 | 苏报案电报 | 1 | 故宫博物院文献馆 | 故宫印刷所 | 1935 年 |
| 39 | 文献特刊 | 1 | 故宫博物院文献馆 | 故宫印刷所 | 1935 年 |
| 40 | 乾隆朝京城全图坊巷宫殿考 | 1 | 故宫博物院文献馆<br>北大文科研究所<br>中央研究院历史语言研究所 | 北大法商学院印刷部 | 1935 年 |
| 41 | 故宫俄文史料 | 1 | 故宫博物院文献馆<br>北大文科研究所<br>中央研究院历史语言研究所 | 北大法商学院印刷部 | 1936 年 |
| 42 | 内阁大库现存汉文黄册目录 | 1 | 故宫博物院文献馆 | 故宫印刷所 | 1936 年 |
| 43 | 清内务府造办处舆图房图目 | 1 | 故宫博物院文献馆 | 故宫印刷所 | 1936 年 |
| 44 | 升平署月令承应戏 | 1 | 故宫博物院文献馆 | 故宫印刷所 | 1936 年 |

（续 表）

| 序号 | 档案出版物名称 | 册数 | 编纂单位 | 出版单位 | 出版时间 |
|---|---|---|---|---|---|
| 45 | 升平署昆弋承应戏 | 1 | 故宫博物院文献馆 | 北大法商学院印刷部 | 1936 年 |
| 46 | 苏州织造李煦奏折 | 9 | 故宫博物院文献馆<br>北大文科研究所<br>中央研究院历史语言研究所 | 北大法商学院印刷部 | 1936 年 |
| 47 | 文献论丛 | 2 | 故宫博物院文献馆 | 故宫印刷所 | 1936 年<br>1947 年 |
| 48 | 批本处现行事宜 | 1 | 故宫博物院文献馆 | 故宫印刷所 | 1937 年 |
| 49 | 总管内务府现行则例 | 7 | 故宫博物院文献馆 | 故宫印刷所 | 1937 年 |
| 50 | 清季教案史料 | 2 | 故宫博物院文献馆<br>北大文科研究所<br>中央研究院历史语言研究所 | 故宫印刷所 | 1937 年<br>1948 年 |
| 51 | 清内务府藏京城全图 | 1 函 | 故宫博物院 | 故宫印刷所 | 1940 年 |
| 52 | 文献专刊 | 1 | 故宫博物院文献馆 | 和记印书馆 | 1944 年 |
| 53 | 文献专刊 | 1 | 故宫博物院文献馆 | 天华印书馆 | 1946 年 |
| 54 | 清内阁旧藏汉文黄册联合目录 | 1 | 故宫博物院文献馆<br>北大文科研究所<br>中央研究院历史语言研究所 | 北京大学印刷所撷华印书局 | 1947 年 |
| 55 | 中国近代史资料丛刊·中法战争 | 7 | 中国史学会<br>中国科学院历史研究所第三所近代史料编辑室<br>故宫博物院档案馆等 | 上海人民出版社 | 1957 年 |
| 56 | 中国近代史资料丛刊·辛亥革命 | 8 | 中国史学会<br>故宫博物院档案馆 | 上海人民出版社 | 1957 年 |
| 57 | 戊戌变法档案史料 | 1 | 国家档案局明清档案馆 | 中华书局 | 1958 年 |
| 58 | 清代地震档案史料 | 1 | 国家档案局明清档案馆 | 中华书局 | 1959 年 |
| 59 | 宋景诗档案史料 | 1 | 国家档案局明清档案馆 | 中华书局 | 1959 年 |
| 60 | 义和团档案史料 | 2 | 明清档案馆 | 中华书局 | 1959 年 |
| 61 | 中国近代史资料丛刊·洋务运动 | 8 | 中国史学会<br>中国社会科学院近代史研究所史料编辑室<br>中央档案馆明清档案部编辑组 | 上海人民出版社 | 1961 年 |
| 62 | 关于江宁织造曹家档案史料 | 1 | 故宫博物院明清档案部 | 中华书局 | 1975 年 |
| 63 | 李煦奏折 | 1 | 故宫博物院明清档案部 | 中华书局 | 1976 年 |

（续 表）

| 序号 | 档案出版物名称 | 册数 | 编纂单位 | 出版单位 | 出版时间 |
|---|---|---|---|---|---|
| 64 | 中国近代史资料丛刊·第二次鸦片战争 | 6 | 中国史学会<br>故宫博物院明清档案部等 | 上海人民出版社 | 1978—1979 年 |
| 65 | 清代档案史料丛编 | 14 | 故宫博物院明清档案部 | 中华书局 | 1978—1990 年 |
| 66 | 清末筹备立宪档案史料 | 2 | 故宫博物院明清档案部 | 中华书局 | 1979 年 |
| 67 | 清代中俄关系档案史料选编 | 5 | 中国第一历史档案馆 | 中华书局 | 1979—1981 年 |
| 68 | 天地会 | 7 | 中国第一历史档案馆<br>中国人民大学清史研究所 | 中国人民大学出版社 | 1980—1988 年 |
| 69 | 慈禧光绪医方选议 | 1 | 中医研究院<br>中国第一历史档案馆 | 中华书局 | 1981 年 |
| 70 | 《历史档案》1-160 期 | 160 | 中国第一历史档案馆 | 《历史档案》杂志社 | 1981—2020 年 |
| 71 | 清代地租剥削形态 | 2 | 中国社会科学院历史研究所<br>中国第一历史档案馆 | 中华书局 | 1982 年 |
| 72 | 清代漕运史料汇编 | 4 | 中国第一历史档案馆<br>中国人民大学档案系 | 上海人民出版社 | 1982 年 |
| 73 | 筹笔偶存（义和团史料） | 1 | 中国社会科学院近代史所<br>中国第一历史档案馆 | 社会科学出版社 | 1983 年 |
| 74 | 康熙统一台湾档案史料选辑 | 1 | 厦门大学台湾研究所<br>中国第一历史档案馆 | 福建人民出版社 | 1983 年 |
| 75 | 清代帝王陵寝 | 1 | 中国第一历史档案馆 | 档案出版社 | 1983 年 |
| 76 | 清代农民战争史资料选编 | 4 | 中国人民大学历史系<br>中国第一历史档案馆 | 中国人民大学出版社 | 1983—1991 年 |
| 77 | 康熙起居注 | 3 | 中国第一历史档案馆 | 中华书局 | 1984 年 |
| 78 | 康熙朝汉文朱批奏折汇编 | 8 | 中国第一历史档案馆 | 档案出版社 | 1984—1985 年 |
| 79 | 华工出国史料汇编 | 4 | 中国第一历史档案馆 | 中华书局 | 1985 年 |
| 80 | 辛亥革命前十年间民变档案史料 | 2 | 中国第一历史档案馆 | 中华书局 | 1985 年 |
| 81 | 郑成功档案史料选辑 | 1 | 厦门大学台湾研究所<br>中国第一历史档案馆 | 福建人民出版社 | 1985 年 |
| 82 | 盛京刑部原档 | 1 | 中国第一历史档案馆<br>中国人民大学清史所 | 群众出版社 | 1985 年 |
| 83 | 德国侵占胶州湾史料选编（1897-1898） | 1 | 中国第一历史档案馆<br>青岛市博物馆<br>青岛市社会科学研究所 | 山东人民出版社 | 1986 年 |
| 84 | 清代黑龙江历史档案选编 | 2 | 中国第一历史档案馆<br>黑龙江省社会科学院历史研究所 | 黑龙江人民出版社 | 1986 年 |

（续 表）

| 序号 | 档案出版物名称 | 册数 | 编纂单位 | 出版单位 | 出版时间 |
|---|---|---|---|---|---|
| 85 | 清实录 | 60 | 中国第一历史档案馆<br>北京大学<br>辽宁省档案馆 | 中华书局 | 1987 年 |
| 86 | 清代前期苗民起义档案史料 | 3 | 中国第一历史档案馆<br>中国人民大学清史研究所<br>贵州省档案馆 | 光明日报出版社 | 1987 年 |
| 87 | 鸦片战争档案史料（一） | 1 | 中国第一历史档案馆 | 上海人民出版社 | 1987 年 |
| 88 | 郑成功满文档案史料选译 | 1 | 厦门大学台湾研究所<br>中国第一历史档案馆 | 福建人民出版社 | 1987 年 |
| 89 | 左宗棠未刊奏折 | 1 | 中国第一历史档案馆 | 岳麓书社 | 1987 年 |
| 90 | 清代锡伯族档案史料选编（一）（二） | 2 | 中国第一历史档案馆 | 新疆人民出版社 | 1987 年 |
| 91 | 满文土尔扈特档案译编 | 1 | 中国第一历史档案馆<br>中国社会科学院民族研究所 | 民族出版社 | 1988 年 |
| 92 | 清代土地占有关系及佃农抗租斗争 | 2 | 中国社科院历史研究所<br>中国第一历史档案馆 | 中华书局 | 1988 年 |
| 93 | 清初内国史院满文档案译编 | 3 | 中国第一历史档案馆 | 光明日报出版社 | 1989 年 |
| 94 | 锡伯族档案史料 | 2 | 中国第一历史档案馆 | 辽宁民族出版社 | 1989 年 |
| 95 | 雍正朝汉文朱批奏折汇编 | 40 | 中国第一历史档案馆 | 江苏古籍出版社 | 1989—1991 年 |
| 96 | 满文老档 | 2 | 中国第一历史档案馆 | 中华书局 | 1990 年 |
| 97 | 义和团史料续编 | 3 | 中国第一历史档案馆 | 中华书局 | 1990 年 |
| 98 | 清代档案史料·圆明园 | 2 | 中国第一历史档案馆<br>中国建筑科学研究院 | 上海古籍出版社 | 1991 年 |
| 99 | 清代朱批奏折财政类目录 | 5 | 中国第一历史档案馆 | 中国财经出版社 | 1990—1992 年 |
| 100 | 清政府镇压太平天国档案史料 | 26 | 中国第一历史档案馆 | 社会科学文献出版社 | 1990—2001 年 |
| 101 | 乾隆朝上谕档 | 18 | 中国第一历史档案馆 | 中国档案出版社 | 1991 年出版，1998 年再版 |
| 102 | 鸦片战争在舟山史料选编 | 1 | 中国第一历史档案馆<br>舟山市社会科学联合会 | 浙江人民出版社 | 1992 年 |
| 103 | 鸦片战争档案史料 | 7 | 中国第一历史档案馆 | 天津古籍出版社 | 1992 年 |
| 104 | 清代中琉关系档案选编 | 1 | 中国第一历史档案馆 | 中华书局 | 1993 年 |
| 105 | 福建、上海小刀会档案史料汇编 | 1 | 中国第一历史档案馆<br>上海师范大学 | 福建人民出版社 | 1993 年 |

（续 表）

| 序号 | 档案出版物名称 | 册数 | 编纂单位 | 出版单位 | 出版时间 |
| --- | --- | --- | --- | --- | --- |
| 106 | 雍正朝起居注册 | 5 | 中国第一历史档案馆 | 中华书局 | 1993 年 |
| 107 | 中国近代兵器工业档案史料 | 4 | 中国第一历史档案馆<br>兵器工业总公司等 | 兵器工业出版社 | 1993 年 |
| 108 | 清代中琉关系档案续编 | 1 | 中国第一历史档案馆 | 中华书局 | 1994 年 |
| 109 | 乾隆朝惩办贪污档案选编 | 4 | 中国第一历史档案馆 | 中华书局 | 1994 年 |
| 110 | 清代东北阿城汉文档案选编 | 1 | 东北师范大学明清史研究所<br>中国第一历史档案馆 | 中华书局 | 1994 年 |
| 111 | 清代西迁新疆察哈尔蒙古满文档案译编 | 1 | 中国第一历史档案馆<br>中国社会科学院中国边疆史地研究中心<br>新疆博尔塔拉蒙古自治州地方志编纂委员会 | 全国图书馆文献缩微复制中心 | 1994 年 |
| 112 | 元以来西藏地方与中央政府关系档案史料汇编 | 7 | 中国藏学研究中心<br>中国第一历史档案馆 | 中国藏学出版社 | 1994 年 |
| 113 | 光绪朝朱批奏折 | 120 | 中国第一历史档案馆 | 中华书局 | 1995—1996 年 |
| 114 | 清代皇帝御批真迹选 | 3 | 中国第一历史档案馆 | 西苑出版社 | 1995—1996 年 |
| 115 | 清代中琉关系档案三编 | 1 | 中国第一历史档案馆 | 中华书局 | 1996 年 |
| 116 | 光绪宣统两朝上谕档 | 37 | 中国第一历史档案馆 | 广西师范大学出版社 | 1996 年 |
| 117 | 康熙朝满文朱批奏折全译 | 1 | 中国第一历史档案馆 | 中国社会科学出版社 | 1996 年 |
| 118 | 六世班禅朝觐档案选编 | 1 | 中国第一历史档案馆<br>中国藏学研究中心 | 中国藏学出版社 | 1996 年 |
| 119 | 清宫医案研究 | 1 | 中医研究院<br>中国第一历史档案馆 | 中医古籍出版社 | 1996 年 |
| 120 | 清代中朝关系档案史料汇编 | 1 | 中国第一历史档案馆 | 国际文化出版公司 | 1996 年 |
| 121 | 香港历史问题档案图录 | 1 | 中国第一历史档案馆 | 三联书店（香港） | 1996 年 |
| 122 | 英使马戛尔尼访华档案史料汇编 | 1 | 中国第一历史档案馆 | 国际文化出版公司 | 1996 年 |
| 123 | 清末教案 | 3 | 中国第一历史档案馆<br>福建师范大学历史系 | 中华书局 | 1996—1998 年 |
| 124 | 清代琉球国王表奏文书选录 | 1 | 中国第一历史档案馆 | 黄山书社 | 1997 年 |

（续 表）

| 序号 | 档案出版物名称 | 册数 | 编纂单位 | 出版单位 | 出版时间 |
|---|---|---|---|---|---|
| 125 | 十七世纪蒙古文文书档案（1600 — 1650） | 1 | 中国第一历史档案馆 | 内蒙古少年儿童出版社 | 1997 年 |
| 126 | 浙江鸦片战争史料 | 2 | 中国第一历史档案馆<br>宁波市社会科学界联合会 | 宁波出版社 | 1997 年 |
| 127 | 中国第一历史档案馆馆藏清代官员履历全编 | 30 | 中国第一历史档案馆 | 上海华东师范大学出版社 | 1997 年 |
| 128 | 纂修四库全书档案 | 2 | 中国第一历史档案馆 | 上海古籍出版社 | 1997 年 |
| 129 | 清代天文档案史料汇编 | 1 | 中国第一历史档案馆<br>北京天文馆古观象台 | 大象出版社 | 1997 年 |
| 130 | 清代中朝关系档案史料续编 | 1 | 中国第一历史档案馆 | 中国档案出版社 | 1998 年 |
| 131 | 清代中国与东南亚各国关系档案史料汇编——新加坡卷 | 1 | 中国第一历史档案馆 | 国际文化出版公司 | 1998 年 |
| 132 | 咸丰同治两朝上谕档 | 24 | 中国第一历史档案馆 | 广西师范大学出版社 | 1998 年 |
| 133 | 雍正朝满文朱批奏折全译 | 2 | 中国第一历史档案馆 | 黄山书社 | 1998 年 |
| 134 | 明清澳门问题皇宫珍档 | 5 | 中国第一历史档案馆 | 浙江华宝斋书社 | 1999 年 |
| 135 | 明清时期澳门问题档案文献汇编 | 6 | 中国第一历史档案馆<br>澳门基金会<br>暨南大学古籍研究所 | 人民出版社 | 1999 年 |
| 136 | 清代“服制”命案——刑科题本档案选编 | 1 | 中国第一历史档案馆<br>东亚法律文化课题组 | 中国政法大学出版社 | 1999 年 |
| 137 | 清代边疆满文档案目录 | 12 | 中国第一历史档案馆<br>中国人民大学清史研究所<br>中国社会科学院边疆史地研究中心 | 广西师范大学出版社 | 1999 年 |
| 138 | 雍正朝汉文谕旨汇编 | 10 | 中国第一历史档案馆 | 广西师范大学出版社 | 1999 年 |
| 139 | 中国第一历史档案馆所存西藏和藏事档案目录（满、藏文部分） | 1 | 中国第一历史档案馆<br>中国藏学研究中心 | 中国藏学出版社 | 1999 年 |
| 140 | 中国第一历史档案馆所存西藏和藏事档案目录（汉文部分） | 1 | 中国第一历史档案馆<br>中国藏学研究中心 | 中国藏学出版社 | 2000 年 |
| 141 | 澳门历史地图精选 | 1 | 中国第一历史档案馆<br>澳门一国两制研究中心 | 华文出版社 | 2000 年 |
| 142 | 澳门问题明清珍档荟萃 | 1 | 中国第一历史档案馆 | 澳门基金会 | 2000 年 |
| 143 | 嘉庆道光两朝上谕档 | 55 | 中国第一历史档案馆 | 广西师范大学出版社 | 2000 年 |
| 144 | 乾隆朝军机处随手登记档 | 46 | 中国第一历史档案馆 | 广西师范大学出版社 | 2000 年 |

（续 表）

| 序号 | 档案出版物名称 | 册数 | 编纂单位 | 出版单位 | 出版时间 |
|---|---|---|---|---|---|
| 145 | 清初五世达赖喇嘛档案史料选编 | 1 | 中国第一历史档案馆<br>中国藏学研究中心 | 中国藏学出版社 | 2000 年 |
| 146 | 清代皇帝御批彝事珍档 | 1 | 中国第一历史档案馆 | 四川民族出版社 | 2000 年 |
| 147 | 清代中琉关系档案四编 | 1 | 中国第一历史档案馆 | 中华书局 | 2000 年 |
| 148 | 中葡关系档案史料汇编 | 2 | 中国第一历史档案馆 | 中国档案出版社 | 2000 年 |
| 149 | 京师大学堂档案选编 | 1 | 中国第一历史档案馆<br>北京大学 | 北京大学出版社 | 2001 年 |
| 150 | 清代鄂伦春族满汉文档案汇编 | 1 | 中国第一历史档案馆<br>鄂伦春民族研究会 | 民族出版社 | 2001 年 |
| 151 | 清代外务部中奥关系档案精选 | 1 | 中国第一历史档案馆<br>北京大学 | 中华书局 | 2001 年 |
| 152 | 清宫御档 | 24 | 中国第一历史档案馆 | 浙江富阳华宝斋古籍书社 | 2001 年 |
| 153 | 中国明朝档案总汇 | 101 | 中国第一历史档案馆<br>辽宁省档案馆 | 广西师范大学出版社 | 2001 年 |
| 154 | 外国人镜头中的八国联军<br>——辛丑条约百年图志 | 1 | 中国第一历史档案馆<br>中国人权发展基金会 | 外文出版社 | 2001 年 |
| 155 | 清代中琉关系档案五编 | 1 | 中国第一历史档案馆 | 中国档案出版社 | 2002 年 |
| 156 | 乾隆帝起居注 | 42 | 中国第一历史档案馆 | 广西师范大学出版社 | 2002 年 |
| 157 | 清宫广州十三行档案精选 | 1 | 中国第一历史档案馆<br>广州市荔湾区人民政府 | 广东经济出版社 | 2002 年 |
| 158 | 清宫粤港澳商贸档案全集 | 10 | 中国第一历史档案馆<br>北京天龙长城文化艺术公司 | 中国书店 | 2002 年 |
| 159 | 清宫珍藏历世达赖喇嘛档案荟萃 | 1 | 中国第一历史档案馆 | 宗教文化出版社 | 2002 年 |
| 160 | 清末十三世达赖喇嘛档案<br>史料选编 | 1 | 中国第一历史档案馆<br>中国藏学研究中心 | 中国藏学出版社 | 2002 年 |
| 161 | 雍正朝内阁六科史书·吏科 | 83 | 中国第一历史档案馆 | 广西师范大学出版社 | 2002 年 |
| 162 | 庚子事变清宫档案汇编 | 18 | 中国第一历史档案馆 | 中国人民大学出版社 | 2003 年 |
| 163 | 广州历史地图精粹 | 1 | 广州市档案馆<br>中国第一历史档案馆<br>广州市越秀区人民政府 | 中国大百科全书出版社 | 2003 年 |
| 164 | 清代妈祖档案史料汇编 | 1 | 中国第一历史档案馆<br>湄洲妈祖文化研究中心 | 中国档案出版社 | 2003 年 |
| 165 | 清宫普宁寺档案 | 2 | 中国第一历史档案馆<br>承德市普宁寺管理处 | 中国档案出版社 | 2003 年 |
| 166 | 清宫热河档案 | 18 | 中国第一历史档案馆<br>承德市文物局 | 中国档案出版社 | 2003 年 |

（续 表）

| 序号 | 档案出版物名称 | 册数 | 编纂单位 | 出版单位 | 出版时间 |
|---|---|---|---|---|---|
| 167 | 清中前期西洋天主教在华活动档案史料 | 4 | 中国第一历史档案馆<br>美国旧金山大学利玛窦中西文化历史研究所<br>北京语言文化中心 | 中华书局 | 2003 年 |
| 168 | 清内秘书院蒙古文档案汇编 | 7 | 中国第一历史档案馆<br>内蒙古自治区档案馆<br>内蒙古大学蒙古学研究中心 | 内蒙古人民出版社 | 2003 年 |
| 169 | 清代杭城御批奏折 | 6 | 中国第一历史档案馆 | 西泠印社<br>华宝斋书社 | 2003 年 |
| 170 | 清初郑成功家族满文档案译编 | 3 | 中国第一历史档案馆 | 九州出版社<br>厦门大学出版社 | 2004 年 |
| 171 | 清代外务部中外关系档案史料丛编——中葡关系（1-2） | 2 | 中国第一历史档案馆<br>北京大学 / 澳门理工学院 | 中华书局 | 2004 年 |
| 172 | 清代外务部中外关系档案史料丛编——中西关系（1-3） | 3 | 中国第一历史档案馆<br>北京大学 / 澳门理工学院 | 中华书局 | 2004 年 |
| 173 | 清代西迁新疆察哈尔蒙古满文档案全译 | 1 | 中国第一历史档案馆<br>新疆博尔塔拉蒙古自治州史志办 | 新疆人民出版社 | 2004 年 |
| 174 | 清代中南海档案 | 30 | 中国第一历史档案馆 | 西苑出版社 | 2004 年 |
| 175 | 清宫珍藏历世班禅额尔德尼档案荟萃 | 1 | 中国第一历史档案馆 | 宗教文化出版社 | 2004 年 |
| 176 | 清代中国与东南亚各国关系档案史料汇编（二）菲律宾卷 | 1 | 中国第一历史档案馆 | 国际文化出版公司 | 2004 年 |
| 177 | 清代雍和宫档案史料 | 24 | 中国第一历史档案馆<br>雍和宫管理处 | 中国民族摄影艺术出版社 | 2004 年 |
| 178 | 明清宫藏地震档案 | 2 | 中国第一历史档案馆<br>中国地震局 | 地震出版社 | 2005 年 |
| 179 | 清代军机处电报档汇编 | 40 | 中国第一历史档案馆 | 中国人民大学出版社 | 2005 年 |
| 180 | 清代中琉关系档案六编 | 1 | 中国第一历史档案馆 | 中国档案出版社 | 2005 年 |
| 181 | 清宫内务府造办处档案总汇 | 55 | 中国第一历史档案馆<br>香港中文大学文物馆 | 人民出版社 | 2005 年 |
| 182 | 清代奏折汇编——农业・环境 | 1 | 中国第一历史档案馆<br>中国科学院地理科学与资源研究所 | 商务印书馆 | 2005 年 |
| 183 | 清内阁蒙古堂档 | 22 | 中国第一历史档案馆<br>内蒙古大学蒙古学学院 | 内蒙古人民出版社 | 2005 年 |
| 184 | 北洋大学历史档案珍藏图录 | 1 | 天津大学<br>中国第一历史档案馆 | 天津大学出版社 | 2005 年 |

（续 表）

| 序号 | 档案出版物名称 | 册数 | 编纂单位 | 出版单位 | 出版时间 |
|---|---|---|---|---|---|
| 185 | 嘉庆帝起居注 | 22 | 中国第一历史档案馆 | 广西师范大学出版社 | 2006 年 |
| 186 | 明清皇宫黄埔秘档图鉴 | 2 | 中国第一历史档案馆 | 暨南大学出版社 | 2006 年 |
| 187 | 中国清代营房史料选辑 | 1 | 中国第一历史档案馆<br>总后勤部基建营房部<br>辽宁省档案馆 | 军事科学出版社 | 2006 年 |
| 188 | 珲春副都统衙门档 | 238 | 中国第一历史档案馆<br>中国边疆史地研究中心 | 广西师范大学出版社 | 2006 年 |
| 189 | 清代中哈关系档案汇编 | 2 | 中国第一历史档案馆<br>哈萨克斯坦东方学研究所 | 中国档案出版社 | 2006—2007 年 |
| 190 | 清代外务部中外关系档案史料丛编——中英关系 | 5 | 中国第一历史档案馆<br>北京大学<br>澳大利亚拉筹伯大学 | 中华书局 | 2006—2009 年 |
| 191 | 中琉历史关系档案·顺康雍朝（1-2）乾隆朝（1-17）嘉庆朝（1-9）道光朝（1-11）咸丰朝（1-3）同治朝（1-3） | 45 | 中国第一历史档案馆 | 中国档案出版社<br>中华书局<br>人民出版社<br>国家图书馆出版社 | 2006—2020 年 |
| 192 | 杭州太平天国档案史料选编 | 1 | 中国第一历史档案馆<br>杭州市档案局 | 中国档案出版社 | 2007 年 |
| 193 | 清宫万国博览会档案 | 6 | 中国第一历史档案馆 | 广陵书社 | 2007 年 |
| 194 | 雍正朝内阁六科史书·户科 | 105 | 中国第一历史档案馆 | 广西师范大学出版社 | 2007 年 |
| 195 | 光绪帝起居注 | 16 | 中国第一历史档案馆 | 广西师范大学出版社 | 2007 年 |
| 196 | 宣统帝起居注 | 1 | 中国第一历史档案馆 | 广西师范大学出版社 | 2007 年 |
| 197 | 乾隆朝西域战图秘档荟萃 | 1 | 中国第一历史档案馆 | 北京出版社 | 2007 年 |
| 198 | 清宫瓷器档案全集 | 52 | 中国第一历史档案馆<br>北京铁源陶瓷研究院 | 中国画报出版社 | 2008 年 |
| 199 | 清宫珍藏海兰察满汉文奏折汇编 | 1 | 中国第一历史档案馆<br>鄂温克族自治旗民族古籍整理办公室 | 辽宁民族出版社 | 2008 年 |
| 200 | 清廷签议《校邠庐抗议》档案汇编 | 25 | 中国第一历史档案馆 | 线装书局 | 2008 年 |
| 201 | 晚清国际会议档案 | 10 | 中国第一历史档案馆 | 广陵书社 | 2008 年 |
| 202 | 清嘉庆朝刑科题本社会史料辑刊 | 3 | 中国第一历史档案馆<br>南开大学历史学院<br>中国社会史研究中心 | 天津古籍出版社 | 2008 年 |
| 203 | 北京地区满文图书总目 | 1 | 中国第一历史档案馆<br>北京市民族古籍整理办公室 | 辽宁民族出版社 | 2008 年 |

（续 表）

| 序号 | 档案出版物名称 | 册数 | 编纂单位 | 出版单位 | 出版时间 |
|---|---|---|---|---|---|
| 204 | 清宫恭王府档案总汇·奕䜣秘档 | 10 | 中国第一历史档案馆<br>文化部恭王府管理中心 | 国家图书馆出版社 | 2008 年 |
| 205 | 清宫恭王府档案总汇·和珅秘档 | 10 | 中国第一历史档案馆<br>文化部恭王府管理中心 | 国家图书馆出版社 | 2009 年 |
| 206 | 清宫恭王府档案总汇·永璘秘档 | 1 | 中国第一历史档案馆<br>文化部恭王府管理中心 | 国家图书馆出版社 | 2009 年 |
| 207 | 清代中琉关系档案七编 | 1 | 中国第一历史档案馆 | 中国档案出版社 | 2009 年 |
| 208 | 军机处满文准噶尔使者档译编 | 3 | 中国第一历史档案馆<br>中国边疆民族地区历史与地理研究中心 | 中央民族大学出版社 | 2009 年 |
| 209 | 清代起居注册·康熙朝 | 32 | 中国第一历史档案馆 | 中华书局 | 2009 年 |
| 210 | 明清宫藏台湾档案汇编 | 232 | 中国第一历史档案馆<br>海峡两岸出版交流中心 | 九州出版社 | 2009 年 |
| 211 | 清宫塘沽秘档图典 | 4 | 中国第一历史档案馆<br>天津市塘沽区人民政府 | 中国档案出版社 | 2009 年 |
| 212 | 清宫扬州御档选编 | 6 | 中国第一历史档案馆<br>扬州市档案局 | 扬州广陵书社 | 2009 年 |
| 213 | 内阁藏本满文老档 | 20 | 中国第一历史档案馆 | 辽宁民族出版社 | 2009 年 |
| 214 | 清乾隆内府绘制京城全图 | 5 | 故宫博物院<br>中国第一历史档案馆 | 紫禁城出版社 | 2009 年 |
| 215 | 清宫珍藏杀虎口右卫右玉县御批奏折汇编 | 3 | 中国第一历史档案馆<br>右玉县人大常委会教科文卫工作委员会 | 中华书局 | 2010 年 |
| 216 | 明清宫藏中西商贸档案 | 8 | 中国第一历史档案馆 | 中国档案出版社 | 2010 年 |
| 217 | 清宫金砖档案 | 1 | 中国第一历史档案馆<br>故宫博物院 | 紫禁城出版社 | 2010 年 |
| 218 | 清宫扬州御档 | 18 | 中国第一历史档案馆<br>扬州市档案局 | 扬州广陵书社 | 2010 年 |
| 219 | 清朝前期理藩院满蒙文题本 | 24 | 中国第一历史档案馆<br>中国人民大学国学院西域历史语言研究所 | 内蒙古人民出版社 | 2010 年 |
| 220 | 清代军机处满文熬茶档 | 2 | 中国第一历史档案馆 | 上海古籍出版社 | 2010 年 |
| 221 | 明清皇宫虎门秘档图录 | 1 | 中国第一历史档案馆<br>鸦片战争博物馆 | 人民出版社 | 2011 年 |
| 222 | 乾隆朝满文寄信档译编 | 24 | 中国第一历史档案馆 | 岳麓书社 | 2011 年 |
| 223 | 清宫辛亥革命档案汇编 | 80 | 中国第一历史档案馆<br>海峡两岸出版交流中心 | 九州出版社 | 2011 年 |
| 224 | 清宫淮安档案精萃 | 1 | 中国第一历史档案馆<br>江苏省淮安市人民政府 | 中国档案出版社 | 2011 年 |

（续 表）

| 序号 | 档案出版物名称 | 册数 | 编纂单位 | 出版单位 | 出版时间 |
|---|---|---|---|---|---|
| 225 | 胶州湾事件档案史料汇编 | 2 | 青岛市档案馆<br>中国第一历史档案馆 | 青岛出版社 | 2011 年 |
| 226 | 清代新疆满文档案汇编 | 283 | 中国第一历史档案馆<br>中国边疆史地研究中心 | 广西师范大学出版社 | 2012 年 |
| 227 | 清朝后期理藩院满蒙文题本 | 42 | 中国第一历史档案馆<br>内蒙古大学蒙古历史学系 | 内蒙古科学技术出版社 | 2012 年 |
| 228 | 清宫天坛档案 | 10 | 中国第一历史档案馆<br>天坛公园管理处 | 中华书局 | 2013 年 |
| 229 | 清代军机处随手登记档（嘉庆－宣统朝） | 180 | 中国第一历史档案馆 | 国家图书馆出版社 | 2013 年 |
| 230 | 清代东归和布克赛尔土尔扈特满文档案全译 | 1 | 中国第一历史档案馆<br>新疆和布克赛尔蒙古自治县史志办 | 新疆人民出版社 | 2013 年 |
| 231 | 清宫武英殿修书处档案 | 11 | 中国第一历史档案馆<br>故宫博物院 | 故宫出版社 | 2014 年 |
| 232 | 清代长芦盐务档案史料选编 | 1 | 中国第一历史档案馆<br>天津市档案局<br>天津市长芦盐业总公司 | 天津人民出版社 | 2014 年 |
| 233 | 清宫颐和园档案·政务礼仪卷 | 10 | 中国第一历史档案馆<br>北京市颐和园管理处 | 中华书局 | 2014 年 |
| 234 | 清宫颐和园档案·营造制作卷 | 8 | 中国第一历史档案馆<br>北京市颐和园管理处 | 中华书局 | 2015 年 |
| 235 | 清宫颐和园档案·园囿管理卷 | 4 | 中国第一历史档案馆<br>北京市颐和园管理处 | 中华书局 | 2015 年 |
| 236 | 清初西洋传教士满文档案译本 | 1 | 中国第一历史档案馆<br>中国海外汉学研究中心 | 大象出版社 | 2015 年 |
| 237 | 北京地区满文碑刻拓片总目 | 1 | 北京市民族古籍整理办公室 | 辽宁民族出版社 | 2015 年 |
| 238 | 清代皇家陈设秘档·静明园卷 | 16 | 中国第一历史档案馆<br>香港凤凰卫视有限公司 | 文物出版社 | 2016 年 |
| 239 | 清宫甲午战争档案汇编 | 50 | 中国第一历史档案馆<br>海峡两岸出版交流中心 | 线装书局 | 2016 年 |
| 240 | 馆藏台湾抗日档案汇编 | 10 | 中国第一历史档案馆<br>中国第二历史档案馆<br>福建省档案馆<br>海峡两岸出版交流中心 | 海峡两岸出版交流中心 | 2016 年 |
| 241 | 清宫广州档案图录 | 1 | 中国第一历史档案馆<br>广州市国家档案馆 | 人民出版社 | 2016 年 |
| 242 | 明清宫藏档案图鉴 | 1 | 中国第一历史档案馆 | 人民出版社 | 2016 年 |
| 243 | 清宫林则徐档案汇编 | 30 | 中国第一历史档案馆<br>福建省林则徐研究会 | 海峡文艺出版社 | 2016—2020 年 |
| 244 | 明清宫藏闽台关系档案汇编 | 30 | 中国第一历史档案馆<br>福建省档案馆 | 福建人民出版社 | 2016 年 |

（续 表）

| 序号 | 档案出版物名称 | 册数 | 编纂单位 | 出版单位 | 出版时间 |
| --- | --- | --- | --- | --- | --- |
| 245 | 清太祖满文实录大全 | 10 | 中国第一历史档案馆<br>中国人民大学国学院 | 辽宁民族出版社 | 2016 年 |
| 246 | 清宫颐和园档案·陈设收藏卷 | 18 | 中国第一历史档案馆<br>北京颐和园管理处 | 中华书局 | 2017 年 |
| 247 | 清代外务部中外关系档案史料丛编——中美关系卷 | 8 | 中国第一历史档案馆<br>北京大学<br>澳大利亚拉筹伯大学 | 中华书局 | 2017 年 |
| 248 | 明清宫藏闽台关系档案图录 | 2 | 中国第一历史档案馆<br>福建省档案馆 | 福建人民出版社 | 2018 年 |
| 249 | 清宫珍藏达斡尔族满汉文档案汇编 | 3 | 中国第一历史档案馆<br>莫力达瓦达斡尔族自治旗达斡尔学会<br>莫力达瓦达斡尔族自治旗达斡尔民族博物馆 | 辽宁民族出版社 | 2018 年 |

注：自 1926 年至 2020 年，本馆档案出版物共 249 种 3492 册。

## 7. 中国第一历史档案馆专题展览目录

| 序号 | 展览名称 | 地 点 | 时 间 |
|---|---|---|---|
| 1 | 康熙乾隆南巡图、圆明园模型展 | 故宫皇极殿 | 1925 年设立文献部后 |
| 2 | 历代名臣像、光绪大婚图展 | 故宫宁寿宫 | 1925 年设立文献部后 |
| 3 | 升平署剧本展 | 故宫养性殿 | 1925 年设立文献部后 |
| 4 | 升平署剧本展 | 故宫外东路十二排各处 | 1925 年设立文献部后 |
| 5 | 军机处档案展 | 故宫大高玄殿 | 1927 年 |
| 6 | 万寿图展 | 故宫皇极殿 | 1929 年设立文献馆后 |
| 7 | 乾隆行乐图、风俗图、建筑图、名胜图、古迹图等展 | 故宫宁寿宫 | 1929 年设立文献馆后 |
| 8 | 乐器、册宝展 | 故宫养性殿 | 1929 年设立文献馆后 |
| 9 | 实录及宫中、内务府各项文物展 | 故宫乐寿堂 | 1929 年设立文献馆后 |
| 10 | 升平署剧本、戏衣、盔头等展 | 故宫阅是楼 | 1929 年设立文献馆后 |
| 11 | 帝后像展 | 故宫养性殿东配殿 | 1929 年设立文献馆后 |
| 12 | 内阁、军机处各种重要档案史料展 | 故宫景福宫 | 1929 年设立文献馆后 |
| 13 | 仪仗陈列室 | 故宫神武门楼 | 1930 年 |
| 14 | 实录及宫中、内务府、军机处档案展 | 故宫乐寿堂 | 1933 年 |
| 15 | 宫中档案、万寿图、乐器、兵器、清币展 | 故宫乐寿堂等处 | 1935 年部分文物档案南迁以后 |
| 16 | 内务府档案、升平署戏本、圆明园烫样、造办处舆图展 | 故宫乐寿堂等处 | 1935 年部分文物档案南迁以后 |
| 17 | 内阁大库档案展 | 故宫景福宫 | 1935 年部分文物档案南迁以后 |
| 18 | 宫中后妃照片及拍摄的各种档案、照片、刊物等展 | 故宫宁寿宫西穿堂 | 1935 年部分文物档案南迁以后 |
| 19 | 宫闱照片展 | 故宫咸福宫东配殿 | 1937—1945 年北平沦陷期间 |
| 20 | 宗人府档案展 | 故宫宁寿宫西穿堂 | 1937—1945 年北平沦陷期间 |

（续 表）

| 序号 | 展览名称 | 地 点 | 时 间 |
|---|---|---|---|
| 21 | 内阁大库档案展 | 故宫宁寿宫东庑 | 1937—1945 年北平沦陷期间 |
| 22 | 清宫照片展 | 故宫宁寿宫东暖阁 | 1937—1945 年 |
| 23 | 清代镇压回民起义的战图展 | 故宫皇极殿 | 1937—1945 年 |
| 24 | 太平天国档案史料展 | 故宫养性殿东配殿 | 1937—1945 年 |
| 25 | 清代生活史料展 | 故宫文华殿正殿 | 1949 年 |
| 26 | 清代革命史料展 | 故宫文华殿东配殿 | 1949 年 |
| 27 | 清代文字狱史料展 | 故宫文华殿西配殿 | 1949 年 |
| 28 | 清代帝国主义侵华史料展 | 故宫主敬殿 | 1950 年 |
| 29 | 清代宫廷戏曲文物史料展 | 故宫养性殿等处 | 1950 年 |
| 30 | 还京文物特展 | 故宫乾清宫 | 1950 年 |
| 31 | 明代李文忠图像特展 | 故宫太和殿 | 1950 年 |
| 32 | 抗美援朝专题展（美国侵华档案史料） | 故宫太和殿 | 1950 年 |
| 33 | 各全宗中部分有代表性档案展 | 第一历史档案馆舆图房 | 1956 年 |
| 34 | 实录、圣训展 | 北京皇史宬 | 1956 年 |
| 35 | 黑龙江将军衙门及宁古塔、阿拉楚喀、珲春等副都统衙门档案展 | 北京皇史宬 | 1956 年 |
| 36 | 内阁、军机处、宫中、内务府、宗人府档案及鸦片战争、太平天国、水利、矿务等专题档案、历年出版物展 | 北京皇史宬 | 1956 年 |
| 37* | 历史档案展 | 北京皇史宬 | 1957—1958 年 |
| 38 | 明清档案和民国时期的历史档案展 | 北京皇史宬 | 1958 年 |
| 39 | 明清文书档案展 | 中国第一历史档案馆 | 1981 年 |
| 40 | 纪念辛亥革命 70 周年档案史料展 | 北京皇史宬 | 1981 年 |
| 41 | 皇史宬史迹展 | 北京皇史宬 | 1982 年 |
| 42 | 清宫秘档真迹展 | 北京皇史宬 | 1985 年 |
| 43 | 明清档案工作 60 周年展 | 北京皇史宬 | 1985 年 |

（续 表）

| 序号 | 展览名称 | 地 点 | 时 间 |
| --- | --- | --- | --- |
| 44 | 清帝政务活动展 | 北京皇史宬 | 1986 年 |
| 45 | 清代帝后活动展 | 北京皇史宬 | 1986 年 |
| 46 | 中国第一历史档案馆馆藏档案展 | 中国第一历史档案馆 | 1986—2020 年 |
| 47 | 清代历史与档案展 | 香港特别行政区 | 1988 年 |
| 48* | “南斯拉夫各民族统一史<br>——从理想到实现 1918”档案展 | 北京皇史宬 | 1989 年 |
| 49 | 纪念鸦片战争 150 周年档案图片展 | 中国人民革命军事博物馆 | 1990 年 |
| 50 | 清代帝后活动与档案史料展 | 南斯拉夫 | 1990 年 |
| 51* | 纪念辛亥革命 80 周年档案史料展 | 北京皇史宬<br>中国第二历史档案馆 | 1991 年 |
| 52* | 中国档案事业发展成就展 | 北京 | 1991 年 |
| 53 | 清宫佛事活动秘藏档案展 | 北京皇史宬 | 1992 年 |
| 54 | 清代帝后活动档案精品展 | 中国第二历史档案馆 | 1993 年 |
| 55 | 石室金匮—皇史宬展 | 北京劳动人民文化宫 | 1993 年 |
| 56 | 清代帝后活动档案精品展 | 北京皇史宬 | 1993 年 |
| 57* | 中国佛教文化艺术展 | 北京皇史宬 | 1994 年 |
| 58* | 清代皇帝一天的生活展 | 香港特别行政区 | 1994 年 |
| 59 | 清代中琉关系档案史料展 | 日本冲绳县 | 1995 年 |
| 60 | 清季外交文书档案展 | 北京皇史宬 | 1995 年、1996 年 |
| 61* | 中国档案事业成就展 | 北京 | 1996 年 |
| 62 | 中国印章展 | 北京 | 1996 年 |
| 63 | 清代帝后生活展 | 河北清东陵 | 1996 年 |
| 64 | 洗雪百年国耻，喜庆香港回归展 | 中国革命博物馆 | 1997 年 |
| 65 | 五台山档案史料展 | 山西五台山 | 1997 年 |
| 66* | 戊戌变法 100 周年纪念展 | 故宫保和殿 | 1998 年 |
| 67 | 清代帝后生活展 | 中国第二历史档案馆 | 1998 年 |

（续 表）

| 序号 | 展览名称 | 地　点 | 时　间 |
|---|---|---|---|
| 68 | 清宫佛事活动展 | 三亚市南山寺 | 1998 年 |
| 69 | 澳门回归祖国大型文化展 | 中国革命博物馆<br>澳门特别行政区 | 1999 年 |
| 70 | 世纪龙腾庆回归展 | 中国革命博物馆 | 1999 年 |
| 71* | 中央档案馆馆藏珍品暨全国档案事业成就展 | 中央档案馆 | 1999 年 |
| 72* | 雪域明珠——中国西藏文化展 | 北京展览馆 | 1999 年 |
| 73 | 清代琉球国王表奏文书展 | 日本冲绳县 | 2000 年 |
| 74* | 澳门早期中西文化展 | 北京中华世纪坛 | 2000 年 |
| 75 | 清代历史档案展 | 北京恭王府 | 2000 年 |
| 76 | 17—20 世纪初江西历史与档案展 | 江西庐山 | 2001 年 |
| 77 | 纪念辛亥革命 90 周年档案图片展 | 广州 | 2001 年 |
| 78* | 澳门回归 2 周年纪念展 | 中华世纪坛 | 2001 年 |
| 79 | 清朝中琉历史文书展 | 日本冲绳县 | 2001 年 |
| 80* | 清代军机处史料展 | 故宫军机处原址 | 2001 年 |
| 81* | 回顾过去，展望未来 | 北京中华世纪坛 | 2002 年 |
| 82* | 清代广东教育档案史料展 | 广州市中山图书馆 | 2002 年 |
| 83 | 清宫佛事活动秘档展 | 香港特别行政区大屿山<br>宝莲禅寺 | 2002 年 |
| 84* | 学海无涯——近代中国留学生展 | 中国革命博物馆 | 2002 年 |
| 85* | 英雄的土尔扈特人回归祖国展 | 澳门特别行政区 | 2002 年 |
| 86 | 清代两淮盐政与盐商展 | 扬州 | 2002 年 |
| 87* | 中国科举文化展 | 北京民族文化宫 | 2003 年 |
| 88 | 中华情缘——民族传统文化艺术展 | 中华世纪坛 | 2003 年 |
| 89 | 承德避暑山庄建立 300 周年特展 | 国家博物馆 | 2003 年 |
| 90* | 皇城风情展 | 北京皇城艺术馆 | 2003 年 |
| 91* | 承德避暑山庄 300 周年特展 | 承德市避暑山庄博物馆 | 2003 年 |

（续 表）

| 序号 | 展览名称 | 地 点 | 时 间 |
| --- | --- | --- | --- |
| 92* | 土尔扈特回归展 | 承德市外八庙 | 2003 年 |
| 93* | 清宫史实展 | 承德市避暑山庄博物馆 | 2003 年 |
| 94* | 中国与葡萄牙关系展 | 北京中华世纪坛 | 2004 年 |
| 95* | 走进记忆之门——中国档案珍品展 | 北京中华世纪坛 | 2004 年 |
| 96* | 清代样式雷建筑图档展 | 河北清东陵 | 2004 年 |
| 97 | 清代大内秘档<br>——清帝处理潮州政务暨清宫生活展 | 广东潮州淡浮收藏院 | 2004 年 |
| 98 | 清宫传统文化展 | 广东潮州淡浮收藏院 | 2004 年 |
| 99* | 千年古港——黄埔区历史档案展 | 广东省档案馆 | 2004 年 |
| 100* | 中国皇陵的绝唱<br>——世界遗产地清东陵精华展 | 上海 | 2004 年 |
| 101* | 清宫秘档暨清代贵州历史文化展 | 贵州贵阳市 | 2004 年 |
| 102 | 清宫淮安秘档展 | 江苏淮安市 | 2004 年 |
| 103 | 清宫淮安园林秘档特展 | 江苏淮安市 | 2004 年 |
| 104* | 中国建设银行发展史展 | 上海 | 2004 年 |
| 105 | 中国第一历史档案馆馆藏精品档案展 | 中国第一历史档案馆 | 2004—2020 年 |
| 106* | 粤海珍萃——清代广东贡品展 | 广东省博物馆 | 2005 年 |
| 107* | 岭南历史文化名人广州史迹展 | 广州 | 2005 年 |
| 108* | 清代杭州——宫廷档案展 | 杭州市档案局 | 2006 年 |
| 109 | 复兴之路展 | 国家博物馆 | 2007 年 |
| 110* | 清代样式雷建筑图档展 | 国家图书馆 | 2007 年 |
| 111 | 明清宫廷潮州档案展 | 广东潮州砚峰书院 | 2007 年 |
| 112 | 清宫秘档与人文浙江展 | 杭州 | 2007 年 |
| 113 | 潮起广东：明清皇宫秘档展 | 广东省档案馆 | 2008 年 |

（续 表）

| 序号 | 展览名称 | 地　点 | 时　间 |
|---|---|---|---|
| 114 | 兰台珍藏——清宫万国博览会档案图片展 | 上海浦东新区档案馆 | 2009 年 |
| 115 | 明清澳门历史文献档案展 | 澳门特别行政区 | 2010 年 |
| 116 | 历史不能忘记<br>——近代以来中国人民抗击日本侵略展 | 中国人民革命军事博物馆 | 2014 年 |
| 117 | 清宫秘藏档案珍品展 | 深圳市档案中心 | 2016—2017 年 |
| 118 | 清宫秘藏档案珍品展 | 珠海市档案馆 | 2017—2018 年 |
| 119 | 功在不舍——罗振玉与明清档案 | 旅顺博物馆 | 2017 年 |
| 120 | 清宫档案珍品展 | 广州番禺区档案馆 | 2018—2019 年 |
| 121 | “锦瑟万里　虹贯东西”<br>——“丝绸之路”历史档案文献展 | 苏州市档案局 | 2018—2019 年 |
| 122 | “锦瑟万里　虹贯东西”<br>——“丝绸之路”历史档案文献展 | 福建省档案馆 | 2018—2019 年 |
| 123* | “锦瑟万里　虹贯东西”——16 至 20 世纪中外“丝绸之路”历史档案文献展 | 法国巴黎联合国教科文组织总部 | 2018 年 |
| 124* | “锦瑟万里　虹贯东西”——17 至 20 世纪初中外“丝绸之路”历史档案文献展 | 北京·第二届“一带一路”国际合作高峰论坛 | 2019 年 |
| 125* | 中俄友好关系历史档案文献展 | 成都市档案馆 | 2019 年 |
| 126 | “锦瑟万里　虹贯东西”——16 世纪至 20 世纪初中外“丝绸之路”历史档案文献展 | 敦煌市档案馆 | 2019 年 |
| 127* | “锦瑟万里　虹贯东西”——中外丝绸之路历史档案文献展暨图录发布会 | 北京大学校史馆 | 2019 年 |
| 128* | “清宫珍档　情系历史”档案图片展 | 台湾高雄市 | 2019 年 |
| 129 | “锦瑟万里　虹贯东西”——17 至 20 世纪初“丝绸之路”历史档案文献展 | 皇史宬 | 2020 年 |
| 130* | “清宫珍档　情系闽台”档案图片展 | 福州市台湾会馆 | 2020 年 |
| 131 | 金瓯无缺<br>——纪念台湾光复七十五周年主题展 | 国家博物馆 | 2020 年 |

备注：* 为中国第一历史档案馆与有关单位合作或协助上级单位举办的展览

## 8. 中国第一历史档案馆专业人员著作目录

| 序号 | 著作名称 | 编著者 | 出版单位 | 出版时间 |
|---|---|---|---|---|
| 1 | 满文书籍联合目录 | 李德启 | 故宫印刷所 | 1933 年 |
| 2 | 故宫清钱谱 | 黄鹏霄 | 故宫印刷所 | 1937 年 |
| 3 | 故宫史话 | 单士元 | 中华书局 | 1962 年 |
| 4 | 清代国家机关考略 | 张德泽 | 中国人民大学出版社 | 1981 年 |
| 5 | 锡伯族迁徙考记（锡伯文） | 吴元丰　安　俊　赵志强 | 新疆人民出版社 | 1982 年 |
| 6 | 清代中央国家机关概述 | 李鹏年　刘子扬<br>秦国经　陈锵仪　等 | 黑龙江人民出版社 | 1984 年 |
| 7 | 明清档案论文选编（1920-1984） | 朱金甫主编<br>中国第一历史档案馆　编 | 中国档案出版社 | 1985 年 |
| 8 | 锡伯族简史（锡伯文） | 吴元丰　安　俊　赵志强 | 新疆人民出版社 | 1985 年 |
| 9 | 逊清皇室轶事 | 秦国经 | 紫禁城出版社 | 1985 年 |
| 10 | 中国第一历史档案馆馆藏档案概述 | 李鹏年　刘子扬<br>秦国经　陈锵仪　等 | 档案出版社 | 1985 年 |
| 11 | 清季中外使领年表 | 秦国经　陈增辉　等 | 中华书局 | 1985 年 |
| 12 | 满语语法 | 屈六生　季永海　刘景宪 | 北京民族出版社 | 1986 年 |
| 13 | 明清档案与历史研究<br>（馆庆 60 周年论文集） | 朱金甫主编<br>秦国经　副主编<br>中国第一历史档案馆　编 | 中华书局 | 1988 年 |
| 14 | 清代地方官考制 | 刘子扬 | 紫禁城出版社 | 1988 年 |
| 15 | 满汉寓言故事 | 安双成　编译 | 新疆人民出版社 | 1989 年 |
| 16 | 清代六部成语词典 | 李鹏年　刘子扬　陈锵仪　等 | 天津人民出版社 | 1990 年 |
| 17 | 中国历史大辞典・清史（上） | 戴　逸　罗　明　主编<br>朱金甫　等副主编 | 上海辞书出版社 | 1991 年 |
| 18 | 清代文字狱案 | 张书才　杜景华　主编 | 紫禁城出版社 | 1991 年 |
| 19 | 档案工作实用手册 | 张书才　主编<br>李国荣　杨冬权　副主编 | 高等教育出版社 | 1991 年 |
| 20 | 全国满文图书资料联合目录 | 屈六生　黄润华　主编 | 北京书目文献出版社 | 1991 年 |
| 21 | 满文教材 | 屈六生　主编 | 新疆人民出版社 | 1991 年 |
| 22 | 中国档案分类的演变与发展 | 邓绍兴　邹步英　王光越 | 档案出版社 | 1992 年 |
| 23 | 中国大百科全书・历史卷・清史 | 戴　逸　罗　明　主编<br>朱金甫　等副主编 | 大百科全书出版社 | 1992 年 |
| 24 | 满文美术字 | 安双成 | 新疆人民出版社 | 1992 年 |
| 25 | 中国大百科全书・图情档册・文书学卷 | 秦国经　等 | 上海辞书出版社 | 1993 年 |
| 26 | 清宫太监 | 唐益年 | 辽宁大学出版社 | 1993 年 |

（续 表）

| 序号 | 著作名称 | 编著者 | 出版单位 | 出版时间 |
|---|---|---|---|---|
| 27 | 满汉大辞典 | 安双成 主编<br>任世铎 屈六生<br>栗振复 副主编 | 辽宁民族出版社 | 1993 年 |
| 28 | 锡伯营职官年表（锡汉文合璧） | 吴元丰 赵志强 | 新疆人民出版社 | 1994 年 |
| 29 | 帝王养生术 | 张 莉 刘 武 燃 黎 | 中央民族大学出版社 | 1994 年 |
| 30 | 中华明清珍档指南 | 秦国经 | 人民出版社 | 1994 年 |
| 31 | 中国档案文献辞典 | 朱金甫 主编<br>倪道善 曹喜琛<br>俞玉储 副主编 | 中国人事出版社 | 1994 年 |
| 32 | 帝王与炼丹 | 李国荣 | 中央民族大学出版社 | 1994 年 |
| 33 | 帝王的妻妾们 | 胡忠良 | 中央民族大学出版社 | 1994 年 |
| 34 | 明清档案工作标准文献汇编 | 徐艺圃 秦国经 主编<br>赵 雄 王光越<br>唐益年 副主编 | 中国标准出版社 | 1995 年 |
| 35 | 明清档案与历史研究论文选（1985—1994） | 徐艺圃 主编<br>秦国经 张书才 副主编<br>中国第一历史档案馆 编 | 国际文化出版公司 | 1995 年 |
| 36 | 清代粮食亩产量研究 | 赵 冈 吴 慧 朱金甫 | 中国农业出版社 | 1995 年 |
| 37 | 佛光下的帝王 | 李国荣 | 团结出版社 | 1995 年 |
| 38 | 清代大案要案真相 | 牛创平 | 中国法制出版社 | 1995 年 |
| 39 | 白话改写帝鉴图说 | 秦国经 牛创平 胡忠良 | 辽宁古籍出版社 | 1995 年 |
| 40 | 科场与舞弊 | 李国荣 | 中国档案出版社 | 1997 年 |
| 41 | 爱新觉罗家族全书——养生妙法 | 张 莉 主编 | 吉林人民出版社 | 1997 年 |
| 42 | 蛇吞象——进贡大蠹 | 张 研 主编<br>张 浩 副主编<br>卢 经 著 | 山西人民出版社 | 1997 年 |
| 43 | 乾隆皇帝与马戛尔尼 | 秦国经 高换婷 | 紫禁城出版社 | 1998 年 |
| 44 | 近代中外条约选析 | 牛创平 牛冀青 | 中国法制出版社 | 1998 年 |
| 45 | 实说雍正 | 李国荣 张书才 | 紫禁城出版社 | 1999 年 |
| 46 | 汉英明清历史档案词典 | 李宏为 | 中国铁道出版社 | 1999 年 |
| 47 | 中国通史图说（清代分册） | 王道瑞 | 九州图书出版社 | 1999 年 |
| 48 | 建官立纲——中国古代官制 | 朱金甫 | 台湾万卷楼出版公司 | 2000 年 |
| 49 | 中国反贪通史 | 王春瑜 主编 卢 经 等著 | 四川人民出版社 | 2000 年 |
| 50 | 明清档案通览 | 邢永福 主编<br>王光越 副主编<br>唐益年 郭 慧 等编 | 中国档案出版社 | 2000 年 |
| 51 | 明清档案与历史研究论文集（馆庆 70 周年论文集） | 徐艺圃 主编<br>秦国经 俞玉储 副主编<br>中国第一历史档案馆 编 | 中国友谊出版社 | 2000 年 |

（续 表）

| 序号 | 著作名称 | 编著者 | 出版单位 | 出版时间 |
|---|---|---|---|---|
| 52 | 清代一二品官员经济犯罪案件实录 | 牛创平　牛冀青 | 中国法制出版社 | 2000 年 |
| 53 | 日本国窃土源流·钓鱼列屿主权辩 | 鞠德源 | 首都师范大学出版社 | 2001 年 |
| 54 | 御笔诏令说清史<br>——影响清朝历史进程的重要档案文献 | 秦国经　邹爱莲　主编<br>高换婷　副主编 | 山东教育出版社 | 2003 年 |
| 55 | 清宫档案揭秘 | 李国荣　主编<br>王光越　唐益年　副主编<br>集体创作 | 中国青年出版社 | 2004 年 |
| 56 | 28 集电视文献纪录片《清宫秘档》 | 邢永福　朱诚如　王光越<br>张晓凤　王一夫　总策划<br>王光越　李国荣　总撰稿<br>集体创作 | 中央电视台《探索发现》栏目播出 | 2004 年 |
| 57 | 清代文书档案图鉴 | 秦国经　主编<br>邹爱莲　胡忠良　副主编<br>高换婷　编辑 | 三联书店（香港）有限公司 | 2004 年 |
| 58 | 明清档案与历史研究论文选<br>（1994——2004） | 邢永福　主编<br>冯伯群　唐益年　副主编<br>中国第一历史档案馆　编 | 新华出版社 | 2005 年 |
| 59 | 明清档案学 | 秦国经 | 学苑出版社 | 2005 年 |
| 60 | 方寸阴阳 | 胡忠良 | 中国文联出版社 | 2005 年 |
| 61 | 清廷查办秘密社会案 | 刘子扬　张　莉 | 线装书局出版社 | 2006 年 |
| 62 | 紫禁城·皇家生活全景 | 秦国经　苑洪琪　主编<br>集体创作 | 时事出版社 | 2006 年 |
| 63 | 中国文化小通史　（第八卷） | 王春瑜　主编<br>卢　经　刘菊素著 | 福建人民出版社 | 2006 年 |
| 64 | 休闲在档案之间 | 冯伯群 | 中国档案出版社 | 2006 年 |
| 65 | 石室文集 | 叶志如　叶秀云 | 国际关系文化出版社 | 2006 年 |
| 66 | 清代广州十三行纪略 | 李国荣　林伟森主编<br>覃　波　钟紫云　等编 | 广东人民出版社 | 2006 年 |
| 67 | 帝国商行 | 李国荣　主编<br>覃　波　李　炳　编著 | 九州出版社 | 2007 年 |
| 68 | 清宫档案解读 | 屈春海 | 北京华文出版社 | 2007 年 |
| 69 | 清朝十大科场案 | 李国荣 | 人民出版社 | 2007 年 |
| 70 | 档案编研论稿 | 李国荣　主编<br>档案文献编纂学术委员会　编 | 广西师范大学出版社 | 2007 年 |
| 71 | 汉满大辞典 | 安双成　主编 | 辽宁民族出版社 | 2007 年 |
| 72 | 明清档案与历史研究论文集<br>（馆庆 80 周年论文集） | 邢永福　主编<br>赵　雄　唐益年　副主编<br>中国第一历史档案馆　编 | 新华出版社 | 2008 年 |
| 73 | 锡伯族历史探究 | 吴元丰　赵志强 | 辽宁民族出版社 | 2008 年 |

（续 表）

| 序号 | 著作名称 | 编著者 | 出版单位 | 出版时间 |
|---|---|---|---|---|
| 74 | 清宫档案秘闻 | 冯伯群 屈春海 主编<br>集体创作 | 北京华文出版社 | 2008 年 |
| 75 | 康熙王朝 | 胡忠良 | 中国青年出版社 | 2009 年 |
| 76 | 嘉庆王朝 | 高换婷 | 中国青年出版社 | 2009 年 |
| 77 | 清朝洋商秘档 | 李国荣 主编<br>覃 波 李 炳 著 | 九州出版社 | 2009 年 |
| 78 | 金榜——休宁通往紫禁城之路 | 邹爱莲 胡 宁 主编<br>胡忠良 副主编 | 北京出版社 | 2009 年 |
| 79 | 曹雪芹家世生平探源 | 张书才 | 白山出版社 | 2009 年 |
| 80 | 清代文书档案制度 | 秦国经 | 中国档案出版社 | 2010 年 |
| 81 | 清代档案与清宫文化 | 邹爱莲 主编<br>李国荣 执行主编<br>清宫史研究会 编 | 中国档案出版社 | 2010 年 |
| 82 | 清宫里的那些事 | 冯伯群 屈春海 主编<br>集体创作 | 北京华文出版社 | 2010 年 |
| 83 | 教科书里没有的清史 | 胡忠良 | 中华书局 | 2010 年 |
| 84 | 清代典章制度辞典 | 朱金甫 张书才 主编<br>李国荣 副主编<br>方裕谨 刘子扬 张 莉<br>陈锵仪 俞炳坤 参编 | 中国人民大学出版社 | 2011 年 |
| 85 | 客家人的性格 | 叶志如 | 华业出版社 | 2011 年 |
| 86 | 明清档案与史地探微 | 郭美兰 | 辽宁民族出版社 | 2012 年 |
| 87 | 你不知道的大清秘闻 | 胡忠良 | 中华书局（香港） | 2012 年 |
| 88 | 清代补史艺文志研究 | 伍媛媛 | 黄山书社 | 2012 年 |
| 89 | 清史文苑 | 薛瑞录 | 辽宁民族出版社 | 2012 年 |
| 90 | 虚白斋尺牍笺注 | 张书才 樊志斌 | 中华书局 | 2013 年 |
| 91 | 乾隆与玉 | 李宏为 | 华文出版社 | 2013 年 |
| 92 | 清代公务印章图说 | 胡旺林 主编 胡忠良 著 | 广西师范大学出版社 | 2014 年 |
| 93 | 中国改革开放新时期年鉴 | 王振川 主编<br>时元弟 方裕谨 副主编 | 中国民主法制出版社 | 2014 年 |
| 94 | 记者是历史的见证人 | 丁 曼 著 丁进军 整理 | 新华出版社 | 2014 年 |
| 95 | 清代西洋传教士满文档案译本 | 安双成 | 大象出版社 | 2015 年 |
| 96 | 明清档案与历史研究论文集（馆庆 90 周年论文集） | 吴 红 主编<br>王 澈 高建平<br>韩永福 副主编<br>中国第一历史档案馆 编 | 中国文史出版社 | 2015 年 |
| 97 | 大清太祖武皇帝实录 | 吴元丰 主编 | 民族出版社 | 2016 年 |
| 98 | 中国银元通史 | 李 侠 丁进军 编著 | 万卷出版公司 | 2016 年 |

（续 表）

| 序号 | 著作名称 | 编著者 | 出版单位 | 出版时间 |
|---|---|---|---|---|
| 99 | 明清宫藏档案图鉴 | 李国荣　胡忠良　主编<br>张小锐　副主编　集体编著 | 人民出版社 | 2016 年 |
| 100 | 明清档案事业九十年 | 胡旺林　主编<br>李国荣　执行主编<br>韩永福　副主编 | 人民出版社 | 2016 年 |
| 101 | 帝王与佛教 | 李国荣 | 人民出版社 | 2018 年 |
| 102 | 帝王与道教 | 李国荣 | 人民出版社 | 2018 年 |
| 103 | 新清宫档案解读 | 屈春海 | 华中科技大学 | 2018 年 |
| 104 | 御制盛京赋 | 吴元丰　主编 | 民族出版社 | 2018 年 |
| 105 | 满汉大辞典修订本 | 安双成 | 辽宁民族出版社 | 2018 年 |
| 106 | 档案编研开发与档案文化建设 | 李国荣　主编<br>伍媛媛　执行主编<br>档案文献编纂学术委员会　编 | 国家图书馆出版社 | 2019 年 |
| 107 | 清代广州十三行编年史略 | 李国荣　李　黎<br>莫伟琼　冷　东　主编 | 岭南美术出版社 | 2019 年 |
| 108 | 精选满文读本 | 安双成 | 辽宁民族出版社 | 2019 年 |
| 109 | 清宫档案话玉器 | 李宏为 | 华中科技大学出版社 | 2019 年 |
| 110 | 皇史宬微信文集 | 胡忠良　主编<br>张小锐　刘毓兴　副主编 | 学苑出版社 | 2020 年 |

**图书在版编目（CIP）数据**

石室记忆　兰台映像：明清档案事业发展历程图录 / 中国第一历史档案馆编 . — 北京：九州出版社，2021. 10

ISBN 978-7-5225-0528-2

Ⅰ. ①石… Ⅱ. ①中… Ⅲ. ①档案工作—中国—明清时代 Ⅳ. ① G279. 294. 8

中国版本图书馆 CIP 数据核字（2021）第 191699 号

**石室记忆　兰台映像：明清档案事业发展历程图录**

作　　者　中国第一历史档案馆　编
责任编辑　张万兴　周红斌
出版发行　九州出版社
地　　址　北京市西城区阜外大街甲 35 号（100037）
发行电话　(010)68992190/3/5/6
网　　址　www.jiuzhoupress.com
电子信箱　jiuzhou@jiuzhoupress.com
印　　刷　鑫艺佳利（天津）印刷有限公司
开　　本　889 毫米 ×1194 毫米　16 开
印　　张　14
图　　数　300 幅
版　　次　2021 年 12 月第 1 版
印　　次　2021 年 12 月第 1 次印刷
书　　号　ISBN 978-7-5225-0528-2
定　　价　368.00 元

内閣大庫書檔舊目
请勿触摸
筚路蓝缕
艰辛起步